5

分钟

商学院

工具篇

刘润◎著

人人都是自己的
CEO

中信出版集团 · 北京

图书在版编目（CIP）数据

5分钟商学院. 工具篇 / 刘润著 . -- 北京：中信出
版社，2018.4（2023.7重印）
ISBN 978-7-5086-8540-3

Ⅰ.①5… Ⅱ.①刘… Ⅲ.①商业管理—研究 Ⅳ.
①F712

中国版本图书馆CIP数据核字（2018）第008943号

5分钟商学院·工具篇

著　者：刘　润
出版发行：中信出版集团股份有限公司
　　　　　（北京市朝阳区东三环北路27号嘉铭中心　邮编　100020）
承 印 者：中国电影出版社印刷厂

开　　本：880mm×1230mm　1/32　　印　张：10　　字　数：188千字
版　　次：2018年4月第1版　　　　　印　次：2023年7月第24次印刷
广告经营许可证：京朝工商广字第8087号
书　　号：ISBN 978-7-5086-8540-3
定　　价：49.80元

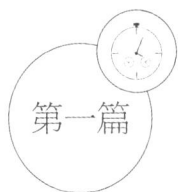

第一章 战略工具

第一篇

第二章 博弈工具

第三章 决策工具

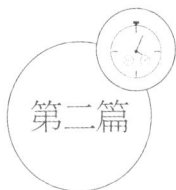

第七章 效率工具

第三篇

第八章 未来已来

第九章 过去未去

第十章 刘润荐书

第一篇

分钟

5

第一章

战略工具

透过结构看世界

小龙虾餐厅面对的五种竞争作用力

现金牛、明星、问题和瘦狗

不是没有重点，是没有结构

打不赢你，那就怼死你

钟形行业，还是尖刀形行业

仰视微观之前，先俯视宏观

要下蛋的鹅，还是吃肉的鹅

如何用科学的方法追到女神

商业模式就是『怎么挣钱』吗

1. 透过结构看世界

——MECE法则

> 逻辑层次不清晰，会导致思维混乱。我们可以借助已有的结构化思维模型来分析问题，确保每一层要素之间"不重叠，不遗漏"。

君子性非异也，善假于物也。利用工具，可以显著提升商业、管理和个人的效率。

某公司将2017年定为品牌战略年，领导安排小王写一篇文案，要求充分阐释公司的品牌主张。小王文思泉涌，很快就把文案交了上去。领导浏览一分钟后，指出文案的思路太狭隘，好比想要一栋房子，却只砌了一堵墙。小王回去之后加班加点，查阅了几十万字的资料，从十几个角度解读公司品牌。但领导又给小王泼了冷水：所有的观点都并列在一起，逻辑层次混乱，就像把砖头、瓦片和墙壁、屋顶相提并论。

在写文章、做PPT（演示文稿软件）以及汇报工作时，很多人都有过类似经历。要避免这样的事情发生，务必要记住MECE法则。

MECE法则即mutually exclusive collectively exhaustive的缩写，是麦肯锡咨询顾问芭芭拉·明托在《金字塔原理》中提出的一个思考工具，意思是"相互独立，完全穷尽"，也常被称为"不重叠，不遗漏"。

听上去很复杂，其实很简单。MECE法则就像拼图游戏，如果没有拼错，拼完之后一定是一张不多，一张不少。

举个例子，公司开会讨论新游戏的目标用户，尽可能把所有的用户定位都列出来。大家集思广益，摆出一些拼图碎片：男人、小孩、成年人、老人、女白领、宅男、二次元少女……这些拼图碎片看上去很丰富，但是明显违反了MECE法则，因为它们不可能一张不多、一张不少地拼出完整的用户画像。

首先，这些碎片里有大量重叠：男人和小孩有重叠，即小男孩；宅男和老人有重叠，即孤僻的老头。其次，这些碎片还有遗漏，比如漏掉了那些既不是二次元少女，也不是白领的年轻女性——文艺女青年。

那应该怎么列呢？可以在第一层，从性别角度，把用户分为男人、女人；第二层，从年龄角度，把用户分为小孩、青年人、中年人、老年人……保证每一层的拼图碎片都符合"不重叠，不遗漏"的MECE法则。

回到最初的案例。为什么小王被批评"逻辑层次混乱"？第一次，"想要一栋房子，却只砌了一堵墙"，文案违反了"不遗漏"原则；第二次，"把砖头、瓦片和墙壁、屋顶相提并论"，文案违反了"不重叠"原则。

MECE法则是一种简洁有力的、透过结构看世界的思考工具。本书中，我们将分享很多有效的基于"结构化思维"的战略分析工具，比如波特五力模型、波士顿矩阵、平衡计分卡等，它们宏伟的殿堂都建立在MECE法则的基础之上。

练习结构化思维这套功夫，要从扎马步、梅花桩的基本功练起。使用MECE法则，需要注意哪些心法呢？

第一，谨记分解目的。

把整体结构层层分解为要素时，要谨记分解目的，找到最佳分解角度。

对于同一个项目，如果目标是分析进度，就按照过程阶段来分解；如果目标是分析成本，就按照工作项目来分解；如果目标是分析客户消费特征，就按照性别、年龄、学历、职业、收入等来分解。

第二，避免层次混淆。

例如，某团队头脑风暴，探讨如何卖出更多衣服。

大家提出以下想法：1. 开拓电商渠道；2. 开展网络营销；3. 减少服装的成本以降低价格；4. 改进服装生产流程，提高生产效率。

这些想法中，第四项是第三项的具体方法之一，把它和前三项列在一起，逻辑层次不清晰，会给思维带来混乱。

第三，借鉴成熟模型。

前人已经对商业、管理等做过大量研究，形成了很多结构分解模型。除了本书涉及的工具之外，还有战略分析3C（战略三角模型）、麦肯锡7S分析（企业组织七要素）等。这些工具都可以直接拿来用，而不需要像制造汽车那样，重新发明轮子。

（画重点）

MECE法则

分析问题时，在把整体层层分解为要素的过程中，要遵循"相互独立，完全穷尽"的基本法则，确保每一层要素之间"不重叠，不遗漏"。MECE法则是结构化思维的基本功。训练MECE法则时，要注意三个心法：谨记分解目的、避免层次混淆、借鉴成熟模型。

2. 小龙虾餐厅面对的五种竞争作用力
——波特五力模型

> 每家公司都同时受到五种竞争作用力的影响。除直接竞争对手外，顾客、供应商、潜在新进公司和替代性产品，都会影响公司的发展。

　　某写字楼地下一层有家小龙虾店，主推蒜香口味，生意不错，但总担心被竞争对手超越——拐角的另一家小龙虾店擅长麻辣口味，对面还有家火锅店经常抢客人。再有，一楼的便利店算不算竞争对手呢？方便面和自带的爱心午餐算不算替代品呢？到底应该怎么分析竞争战略？

　　这时候就需要工具了。

　　1979年，年仅32岁的迈克尔·波特提出，每家企业都受直接竞争对手、顾客、供应商、潜在新进公司和替代性产品五个竞争作用力的影响。波特自己可能都没想到，"五力模型"成为全球知名度最高的战略分析工具之一，奠定了他一生的大师地位。接下来，我们就用五力模型来分析一下这家小龙虾店。

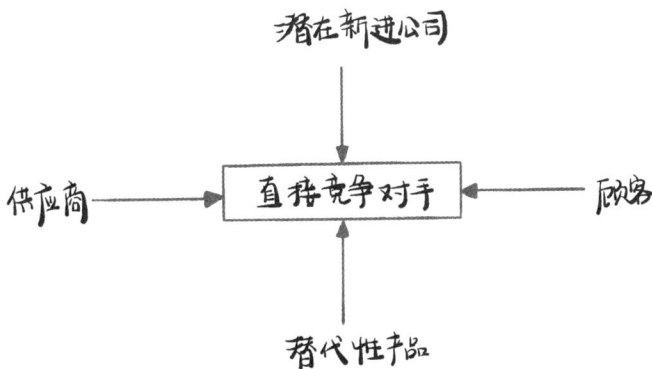

第一，直接竞争对手。

拐角那家小龙虾店、对面的火锅店，以及整个地下一层的餐饮店，都是小龙虾店的直接竞争对手，因为它们争夺的都是电梯门叮的一声打开后，走出来的那些饥肠辘辘的人们。

做个简单的分析，每天从电梯里走出来的人，平均到每一家，能不能养活小龙虾店？如果不能，要警醒：小龙虾店处于一个"充分竞争"，甚至"过分竞争"的市场。

这时，可以考虑三个策略：1. 组成"地下一层餐饮联盟"，给写字楼施加压力，迫使对方引流；2. 提供更优异、更便宜或者差异化的餐饮，升级竞争优势；3. 研究退出成本，比如装修费用、保证金等，准备撤出。

第二，顾客。

顾客作为重要的竞争作用力，主要体现在其谈判力量上。

大公司的行政部一般会找几家餐厅谈判，出示员工卡可获得折扣。如果某家公司员工人数占大厦总人数的比例可观，这时作为顾客，就有巨大的谈判力量。小龙虾店在对方的合作列表里，赚钱会少；不在对方的合作列表里，赚钱会更少。

小龙虾店可以联合几家差异化明显的餐厅，成立"地下一层餐饮联盟"，增加餐厅谈判力量，还可以发行"联盟折扣储值卡"，增加顾客迁移成本。

第三，供应商。

如果小龙虾是从江苏盱眙最大的供应商处采购的，该供应商同时服务几百家客户，那小龙虾店基本就没有什么谈判力量。这也是为什么APP（应用程序）开发公司在苹果公司面前都是弱势群体。

小龙虾店可以考虑换一家小供应商，小到小龙虾生意对它足够重要。不做大公司的小客户，也不向卖大闸蟹的人买小龙虾。对前者来说，小客户不重要；对后者来说，小龙虾的生意不重要。

第四，潜在新进公司。

这座写字楼1层到4层的商场经营惨淡，关掉了不少服装店，有50%的面积改做餐饮。这时小龙虾店就面临潜在新进公司的竞争作用力了。

要想办法提高潜在新进公司的进入门槛，也就是"地下一层餐饮联盟"的壁垒。比如，联合其他餐厅一起策略性地降价，让后人者无利可图；尽快发行储值卡、优惠券，锁定未来两三年的收入，让潜在进入者知难而退。

第五，替代性产品。

如果不吃小龙虾，顾客还能吃什么？对"地下一层餐饮联盟"来说，替代性产品就是让顾客不再到地下一层来吃饭的产品。

最典型的替代性产品是外卖服务。那些小巷子里的低成本餐厅，抢走了小龙虾店的大批客户；便利店里的盒饭和快餐，以及减肥奶昔、蔬果汁、辟谷课程等，在白领中流行起来，午餐的整体市场规模都在减小，正如数码相机作为替代性产品，搞垮了几乎整个胶卷业。

怎么办？尽快推出小龙虾盖浇饭、小龙虾生煎包、小龙虾面……然后和各种外卖平台合作。或者推出"比蛋白质粉更好的健身伴侣"套餐，与写字楼里的健身房或者健身教练合作，让那些不敢吃糖、不敢吃饭、不敢吃肥肉的健身达人在大汗淋漓之后，勇敢地吃小龙虾。

用五力模型来进行系统性分析，就算仅仅是一家小龙虾餐厅，都可以得出很多有效的竞争战略，从而获得优势。

（画重点）

波特五力模型

任何一家公司，在商业世界中都同时受到五种竞争作用力的影响。除了显而易见的直接竞争对手外，另外四种是：下游的顾客和上游的供应商，显性的潜在新进公司和隐性的替代性产品。认真分析这些作用力的强弱，将有助于公司制定相应的竞争战略，获得有利的市场地位。

3. 现金牛、明星、问题 和瘦狗

——波士顿矩阵

学会用波士顿矩阵分解业务，不仅能看清业务和现金流的关系，更能主动分析业务组合，思考战略问题，寻求最佳的发展姿态。

　　某公司的客户越来越多，业务线越来越复杂，老板担心公司逐渐迷失在收入、利润、应收账款、常规更新等日常事务中，从而失去对未来的把握，于是聘请了一家咨询公司帮助梳理业务战略。咨询顾问了解完该公司的业务后说："贵公司的现金牛业务正在逐渐变成瘦狗，应尽快采取收割策略；问题业务的储备太少，明星业务的数量匮乏，增长乏力，估计不会发展为下一个现金牛，也将变为瘦狗；要对这两个产品启动发展战略，对另外四个产品启动放弃战略。"老板听得一头雾水。

这是咨询业的行业术语，咨询顾问对客户说这些术语，多半是为了通过"降维打击"，彰显自己的专业性。其实，这些术语并不复杂。

波士顿矩阵的发明者、波士顿咨询公司的创始人布鲁斯认为：公司若要取得成功，必须拥有市场增长率和相对市场份额各不相同的产品组合。于是他用这两个维度，画了一个"二维四象限矩阵图"，并给这个矩阵中的四象限各取了形象的名字：现金牛、明星、问题和瘦狗。

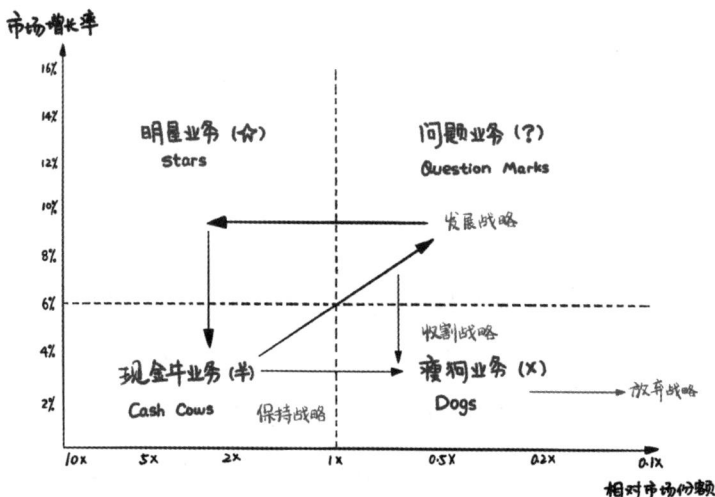

第一，现金牛业务。

现金牛业务也被戏称为"印钞机"，它通常占有很高的相对市场份额，因此市场增长率较低，比如微软的Windows（电脑操作系统）和Office（办公软件），谷歌的搜索业务。

第二，明星业务。

明星业务通常是很有前景的新兴业务，在快速增长的市场中，占有相对较高的市场份额。比如卖书起家的亚马逊，进入高速发展的云计算业务，并占据行业领先地位。虽然刚开始不赚钱，甚至需要大量资金投入，但未来可能会带来巨额利润。一旦明星业务成为现金牛，公司就会进入一个爆发期。

第三，问题业务。

问题业务是一些相对市场份额还不高，但市场增长率提高很快的业务。比如谷歌的人工智能、机器人、无人驾驶等业务。之所以叫"问题业务"，是因为它们最终会变成明星业务、现金牛业务，还是会死掉，是不确定的问题。

第四，瘦狗业务。

瘦狗业务是相对市场份额很低，增长机会有限，"食之无味，弃之可惜"的业务。比如微软的智能手机、腾讯的微博、百度的电商。

回到最初的案例。咨询顾问提出的建议可以总结为以下四项。

第一，发展战略。将现金牛业务的收益投入到问题业务中，以提高问题业务的相对市场份额，使问题业务尽快成为明星业务。

第二，保持战略。不轻易投资新方向，好好"养牛"，保持市场份额，让现金牛业务产生更多收益。

第三，收割战略。对强大的替代产品已经出现的现金牛业务，比如柯达的胶卷相机，以及发展前景不佳的问题业务和瘦狗业务，尽可能快速地收割短期利益，然后准备放弃。

第四，放弃战略。对于无利可图的瘦狗业务，果断清理、撤销、出售，把资源用在其他有前景的业务上。

每家全球知名的咨询公司都有自己的看家本领和"黑话"，比如麦肯锡的金字塔原理、波特的五力模型、特劳特的定位理论、布鲁斯的波士顿矩阵等。学会用波士顿矩阵的术语和咨询顾问对答如流还不够，更重要的是，可以自己分析业务组合，思考战略问题。

（画重点）

波士顿矩阵

波士顿咨询公司的创立者布鲁斯以相对市场份额为横轴、市场增长率为纵轴，画了一个二维四象限矩阵图，把公司的业务组合分为现金牛业务、明星业务、问题业务和瘦狗业务。这样切分业务，不仅能看清业务和现金流的关系，更能采取发展战略、保持战略、收割战略和放弃战略，在动态中寻求最佳的业务组合和发展姿态。

4. 不是没有重点，
是没有结构
——SCQA架构

> 使用结构化表达工具——SCQA架构，
> 有意识地训练自己有效表达观点、突出
> 重点。

某员工要向老板汇报工作，非常紧张，连夜准备了40多页
PPT。可是刚讲到第二页，就感觉到老板有点儿不耐烦了。讲到第
五页的时候，老板打断说："不要讲PPT了，直接说重点。"该员
工当场就蒙了，杵在那里，站也不是，坐也不是。

为什么会这样？老板不满意，真的是因为员工的报告没有重
点吗？员工很委屈，觉得自己说的都是重点。其实老板不满意，
并不一定是因为员工的报告没有重点，而是在员工没有受过结构

化表达训练的混乱陈述中，抓不到重点。

什么是结构化表达？芭芭拉·明托在《金字塔原理》这本书中，除了提出MECE法则之外，还提出一个结构化表达工具：SCQA架构。S，即情境（situation）；C，即冲突（complication）；Q，即问题（question）；A，即答案（answer）。

在《5分钟商学院·个人篇》中提到的"起承转合五步法"——场景导入、打破认知、核心逻辑、举一反三、回顾总结，其实就是基于一个常用的SCQA架构"标准式"（SCA）：情境—冲突—答案。

"满怀激情地跟客户聊了很久，介绍了半天产品，他也确实很心动，似乎什么都好，但最后还是觉得太贵了。"——"心理账户"的概念背景，也就是S。

"真的是因为客户小气吗？你可能会发现，他的包、他的表都很奢华。小气和大方是相对的。有没有什么办法可以让这些所谓小气的客户变得大方呢？"——常识冲突，也就是C。

"那我们就来讲一讲小气和大方背后的商业逻辑。"——给出答案，也就是A。

芭芭拉·明托的结构化表达工具SCQA架构，还可以变形组合出其他模式，帮助我们在很多沟通场合，比如演讲、汇报、写作时，有效地表达观点。

第一，开门见山式（ASC）：答案—情境—冲突。

回到最初的案例，员工可以试着这么报告：

"今天我要报告的，是关于把公司的销售激励制度，从提成制改为奖金制的提议。"——这就是开门见山，直接抛出答案。

"公司从创始以来，一直使用提成制来激励销售队伍。这是三大主流激励机制（提成、奖金、分红）中的一种，三种激励机制分别适用于不同的场景。"——这就是情境，对激励制度做一个完整的介绍。

"但是，提成制在公司业务迅猛发展，覆盖地市越来越多的情况下，造成了很多激励上的不公平：富裕地区和贫穷地区的不公平、成熟市场和新进入市场的不公平，甚至出现员工拿到大笔提成，但公司却亏损的状态。"——用"答案—情境—冲突"开门见山地和老板沟通，第一句就是重点。

第二，突出忧虑式（CSA）：冲突—情境—答案。

突出忧虑式的关键在于强调冲突，引导听者的忧虑，从而激发其对情境的关注，以及对答案的兴趣。医生常用这一模式。

"哎哟，你病得不轻啊！"——这就是冲突。听到这句话，估计没有人心里不咯噔一下。

"还好，能治。美国刚刚有一项最新研究成果，通过了FDA（食品药品监督管理局）认证。"——这就是情境。听到这句话，一颗悬到嗓子眼的心，总算是放下来了。

"就是……有点儿贵。"——这就是答案。这时候，估计再贵，病人也无所谓了。

第三，突出信心式（QSCA）：问题—情境—冲突—答案。

"今天全人类面临的最大威胁是什么？"——这是一个问题。

"在过去的几十年，科技高速发展，人类拥有的先进武器完全可以摧毁地球几十次。"——这是一个情境。

"但是，我们拥有摧毁地球的能力，却没有逃离地球的方法。"——这是一个冲突。

"所以，我们今天面临的最大威胁，是没有移民外星球的科技。我们公司将致力于私人航天技术，在可预见的未来，实现火星移民计划。"——这是一个答案。

(画重点)

SCQA架构

这是一种结构化表达工具，用标准式（SCA）、开门见山式（ASC）、突出忧虑式（CSA）和突出信心式（QSCA）提高表述的结构性，突出重点。

5. 打不赢你，
那就恶死你
——通用电气矩阵

有些免费不完全是"情怀"，而是竞争策
略。要从竞争实力和行业吸引力两个维度
分析业务，看懂复杂环境的组合决策。

2017年4月，苹果公司宣布旗下的iWork（办公软件）完全免费。iWork是一套类似微软Office的软件。很多人欢欣鼓舞，觉得软件免费时代就要到来了。真的是这样吗？如果软件免费时代真的到来了，那苹果手机APP Store（应用商店）里的应用为什么不免费呢？

2009年12月，谷歌公司宣布正式发布免费PC（个人计算机）操作系统Chromium OS（计算机操作系统）。Chromium OS是一套类似微软Windows的软件。很多人欢欣鼓舞，觉得边际成本为零的东西就该免费。真的是这样吗？如果边际成本为零的东西就该免费，那谷歌搜索的广告服务，边际成本也几乎为零，为什么不免费呢？

iWork和Chromium OS免费，都不完全是"情怀"，而是竞争策略。这套叫"怼死你"的竞争策略，源自一个著名的战略分析工具——通用电气矩阵。

什么是通用电气矩阵？

波士顿矩阵是咨询业最重要的分析工具之一，但也被很多人批评"现金牛、明星、问题、瘦狗"四象限过于简单，"相对市场份额、市场增长率"两个维度过于粗暴。在简单粗暴的波士顿矩阵的基础上，通用电气公司开发了一个新的业务组合分析工具——通用电气矩阵，并对波士顿矩阵做了两个重大改变：用"竞争实力"代替"相对市场份额"作为横轴；用"行业吸引力"代替"市场增长率"作为纵轴。

竞争实力，是包括相对市场份额、市场增长率、买方增长率、产品差别化、生产技术、生产能力、管理水平的综合指标。

行业吸引力，是包括产业增长率、市场价格、市场规模、获利能力、市场结构、竞争结构、技术及社会政治因素的综合指标。

竞争实力，分为强中弱；行业吸引力，分为高中低。这样，通用电气矩阵变成了九宫格。

回到最初的案例，苹果的iWork为什么免费？因为微软Office的霸主地位已经难以撼动，相对来说，苹果iWork竞争实力比较弱；同时，办公软件行业已不再是高速发展行业，其行业吸引力为"低"。

竞争实力弱，行业吸引力低，通用电气矩阵建议：快速退出，或以某业务作为攻击性业务。

"快速退出"的意思是：别干了。"作为攻击性业务"的意思是：微软最赚钱的是Office，而iWork由于没有好的发展前景，于是采取免费策略，这使收费的Office陷入两难境地。如果Office也免费的话，微软会失去巨额收入；不免费的话，Office的用户会非常不满。这一招俗称"怼死你"。

同样的道理，谷歌提供免费的操作系统，釜底抽薪地攻击微软的Windows市场。

这一招能不能用呢？当然可以。假如开一家小龙虾店，对面火锅店总是抢生意，小龙虾店可以在门口贴一张告示：在本店吃小龙虾的顾客，免费赠送火锅锅底。

不过，通用电气矩阵不仅提出了快速退出或攻击对手的战略，在看清业务后，还可以选择三种对应的业务组合战略。

第一，发展战略。

对于竞争实力和行业吸引力都是中等以上的业务，应该采取"发展战略"，以投资、成长、收获为主。

第二，保持战略。

对于竞争实力和行业吸引力有一项明显弱，但所幸另一项比较强的业务，应该采取"保持战略"，以收获、细分、剥离为主。

第三，放弃战略。

对于竞争实力和行业吸引力都是中等以下的业务，应该采取"放弃战略"，以剥离、退出、攻击为主。

通用电气矩阵

通用电气矩阵是和波士顿矩阵类似的战略分析工具，但它有两个重大改变：第一，用"竞争实力"代替"相对市场份额"作为横轴，用"行业吸引力"代替"市场增长率"作为纵轴；第二，把四象限矩阵，拓展为九宫格。用这个九宫格矩阵能分析更加复杂的环境，做出动态的业务组合决策，比如发展战略、保持战略，或者放弃战略。

6. 钟形行业，
还是尖刀形行业
——正态分布和幂律分布

掌握正态分布和幂律分布，有助于理解商业世界的基本业态，并能够在不同的业态分布中，用不同的商业逻辑顺势而为，寻求成功。

做个小实验：在一个200人以上的微信群里，请所有人报一下自己准确的身高；接着以5厘米为单位，数一数每个身高段各有多少人；然后以身高为横轴，以人数为纵轴，画一张图。仔细看这张图，发现了什么？这张图一定长得像一口钟。

在不同的微信群做这个实验，比较一下实验结果。可能钟的中间点不同、扁平度不同，但只要人数足够多，形状都是一口中间高、两边低，甚至左右对称的钟。这口钟就是正态分布。正态

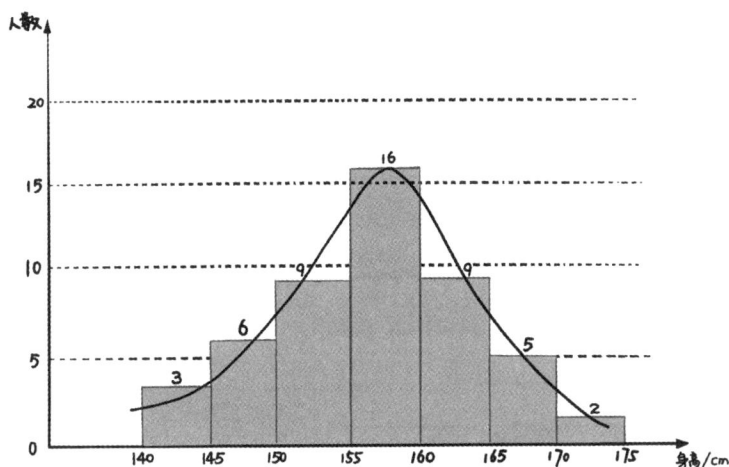

分布是自然界，甚至商业界，最常见的一种分布。当影响结果的因素特别多，没有哪个因素可以完全左右结果时，这个结果通常就呈正态分布。但并不是所有现象都符合正态分布，还有一种常见的分布，叫作幂律分布。

我们再做个小实验。还是刚才那个200人以上的微信群，请所有人报一下自己的资产总额，然后从高到低排序，也画一张图。我们可能会发现，有钱人简直有钱得让人咋舌，穷人却穷得让人无法想象。

这个尖刀似的图形，就是长尾理论中的"尖头长尾"。在有些自然或者商业现象中，因为马太效应、网络效应，导致强者越强，赢家通吃，这时的结果分布就呈现另外一种"尖刀形"：刀

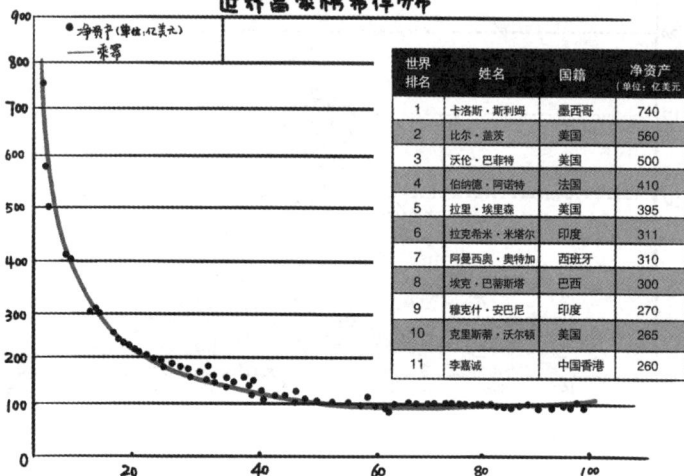

世界富豪榜幂律分布

世界排名	姓名	国籍	净资产(单位:亿美元)
1	卡洛斯·斯利姆	墨西哥	740
2	比尔·盖茨	美国	560
3	沃伦·巴菲特	美国	500
4	伯纳德·阿诺特	法国	410
5	拉里·埃里森	美国	395
6	拉克希米·米塔尔	印度	311
7	阿曼西奥·奥特加	西班牙	310
8	埃克·巴蒂斯塔	巴西	300
9	穆克什·安巴尼	印度	270
10	克里斯蒂·沃尔顿	美国	265
11	李嘉诚	中国香港	260

尖的那些有钱人，总体上来说，会越来越有钱。

钟形的正态分布，趋向中间；尖刀形的幂律分布，趋向极端。这两种分布模式统治了绝大多数商业世界的形态。手中有这两张图作为工具，可以看清很多商业现象，并做出正确的战略决策。

有人说，餐饮业到今天为止，没有一家公司可以占据全国5%以上的市场份额；但互联网行业，一家公司可以占据70%。这说明餐饮行业还有巨大的机会。

真的是这样吗？

餐饮业是服务业，它和理发一样，边际交付时间不为零。边

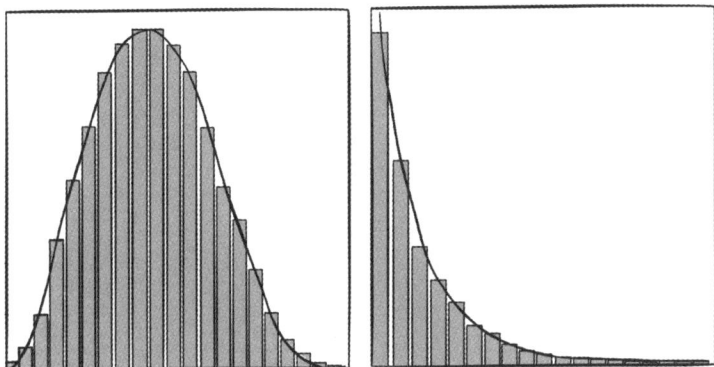

际交付时间,就是给一个人做饭时,不能同时给另一个人做饭。做一顿饭的时间是刚性的。做得再好吃,一天最多做3~5顿,服务不过来的客人,只能让给别人。边际交付时间越长的行业,越是分散市场,符合正态分布:赚大钱的人少,亏大钱的也少,大部分人都趋向赚取平均利润。

而互联网行业的边际交付时间为零,由于网络效应,用户越多,彼此正向激励,用户就会更多。领先者一旦过了引爆点,就会赢家通吃,产生垄断。这个行业注定是头部市场,符合幂律分布。不管曾经是"百团大战"还是"千团大战",最后都会趋向集中在少数几家手中。

还有哪些商业现象,符合正态分布呢?

比如产品质量。大部分产品的质量都是普通的,真正的好产品非常少,一无是处的坏产品也不多见。这就是为什么质量管理领域会有"六西格玛管理"。

比如员工绩效。大部分员工的业绩都是一般的，做得特别好的非常少，做得特别差的也不多见。这就是为什么绩效管理领域会有"活力曲线"，强制2-7-1分布考核业绩。

还有哪些商业现象符合幂律分布呢？

比如GDP（国内生产总值），一般而言，一个城市的GDP越高，经济越发达；因为马太效应，就会吸引更多人才，GDP也会相应更高。

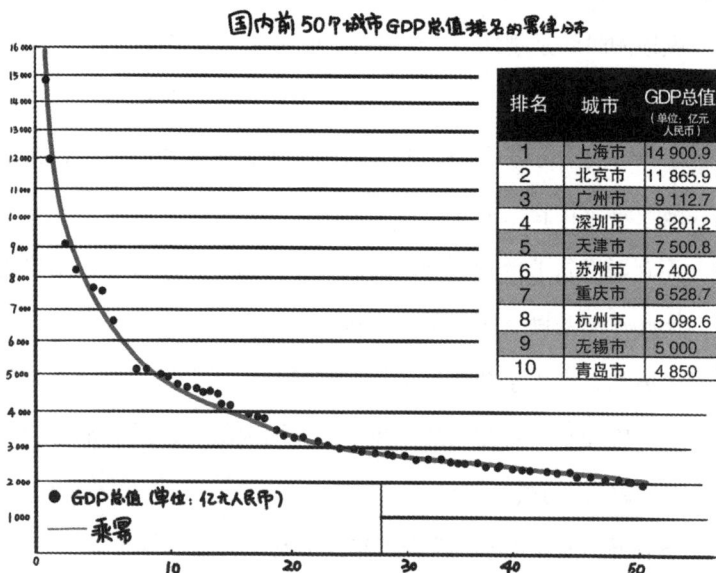

国内前50个城市GDP总值排名的幂律分布

排名	城市	GDP总值 （单位：亿元 人民币）
1	上海市	14 900.9
2	北京市	11 865.9
3	广州市	9 112.7
4	深圳市	8 201.2
5	天津市	7 500.8
6	苏州市	7 400
7	重庆市	6 528.7
8	杭州市	5 098.6
9	无锡市	5 000
10	青岛市	4 850

● GDP总值（单位：亿元人民币）

—— 乘幂

比如大学，越优秀的大学，越能吸引好学生；越好的学生，越能促进大学更优秀。因为网络效应，好的大学会越来越好，差的大学会越来越差。

(画重点)

正态分布和幂律分布

正态分布，指的是在商业世界中，因为边际交付时间等因素导致好的少，差的也少，大部分企业趋向中间的一种"钟形"分布。幂律分布，指的是在商业世界中，因为网络效应等因素导致强者越强，弱者越弱，大部分企业走向极端的一种"尖刀形"分布。

7. 仰视微观之前，
先俯视宏观
——PEST模型

分析企业战略，仅从微观看外部竞争和内部能力，有时候是不够的，还要从政治、法律、经济、社会文化、技术等角度看宏观大势。

有一家成熟的代工企业，一直接受国外订单，做得风生水起。但是最近几年，公司订单明显减少。公司管理层开会，考虑是否应该从代工转型自创品牌，然后直接通过eBay（线上购物网站）等跨境电商平台，对海外销售。

这是一个重大的战略问题。应该怎么分析这个问题呢？用波特的五力模型，研究竞争对手的做法吗？用波士顿矩阵，看看这块业务是不是明星业务吗？用通用电气矩阵，把代工改为攻击性业务吗？

这些工具可能都不够用了，因为它们都是微观分析工具。身处一个高速变化的时代，我们在趴下来仰视微观之前，需要先站起来俯视宏观。正如招商银行前行长马蔚华所说："不知宏观者无以谋微观，不知未来者无以谋当下。"

PEST模型是"俯视宏观"的战略分析工具，它的四个字母分别代表俯视宏观的四个角度：P-political（政治/法律），E-economic（经济），S-social（社会文化），T-technological（技术）。有人觉得这四个字母不好记，就把它们重新组合为STEP，也就是"脚步"。

回到最初的案例。我们从四个角度来俯视一下这家企业的宏观环境。

第一，政治/法律。

俯视政治或法律的角度包括：环保制度、税收政策、国际贸易章程与限制、合同法、劳动法、消费者权益保护法、竞争规则、政治稳定性、安全规定等。

简单来说，就是国家想让你干什么。这些制度都体现了国家意志，而国家意志就是政策红利。那么，国家意志是什么呢？认真研究，就会发现国家现在提得最多的就是"一带一路"倡议。一带一路，就是要把中国的优势产能向海外辐射。

分析完P后，这家企业对跨境电商有了信心。

第二，经济。

俯视经济的角度包括：经济增长、利率与货币政策，政府开支、失业政策、税收、汇率、通货膨胀率、商业周期的所处阶段、消费者信心等。

简单来说，就是在经济的海洋中，看到哪里在潮起，哪里在潮落。比如，最近几年GDP下滑，人民币贬值。所以，出口跨境电商，相对于进口，更能利用人民币贬值，贡献GDP。

分析完P和E后，这家企业已经有了做"出口跨境电商"的决心。

第三，社会文化。

俯视社会文化的角度包括：收入分布与生活水平、社会福利与安全感、人口结构与趋势、劳动力供需关系、企业家精神、潮流与风尚、消费升级、大健康、新生代生活态度等。

《5分钟商学院·商业篇》讲到了"人口抚养比"，20世纪60年代到70年代的人口红利逐渐失去，20世纪90年代到21世纪初的出生人口急剧减少，必然导致劳动力短缺，人工成本上涨。人工成本是代工行业的生命。怎么办呢？必须在产品价格和人工成本之间，加入别的东西来支撑利润，比如品牌价值。

分析完P、E、S之后，这家企业坚定了"自有品牌的出口跨境电商"之路。

第四，技术。

俯视技术的角度包括：新能源、互联网、移动互联网、大数据、机器人、人工智能、产业技术、技术采用生命周期等。

什么技术会对"自有品牌的出口跨境电商"有影响？是机器人吗？机器人很重要，它将对冲人工成本上升的问题。但是机器人发展的最终归宿，是让制造业不再需要人工。如果制造业真的不需要人工了，那些国际品牌会把工厂建在哪里呢？原材料生产国、第三方制造国，还是目的地市场国？

如果制造业减少对人工的依赖，越来越多的品牌可能不再需要把原材料大费周章地从世界各地运到第三方制造国，用最低廉的人工成本生产，再运到目的地市场国。它们可能会选择在目的地市场国建立工厂，提高回应客户需求的速度。

机器人是一个"短期是机会，长期是挑战"的技术。这家企业给"自有品牌的出口跨境电商"之路设定了一个时间期限——10年。

经过PEST四步分析，这家企业已经有了一个总体战略：10年内，从代工企业转型为自有品牌的出口跨境电商。这条路虽然不容易走，却是通往未来的道路。

（画重点）

PEST模型

分析企业的战略，仅仅从微观看外部竞争和内部能力，有时候是不够的，还要从宏观看浩荡大势。PEST模型就是从政治/法律、经济、社会文化、技术四个角度，在趴下来仰视微观之前，先站起来俯视宏观。

8. 要下蛋的鹅，
还是吃肉的鹅
——平衡计分卡

> 收入、成本和利润这些传统指标，只能
> 衡量过去发生的事，无法评估前瞻性投
> 资。可以借助平衡计分卡管理公司的短
> 期利益和长期利益。

　　有一位企业家很焦虑，自己是公司的创始人，也是公司最
大的销售，一周七天有五天都在外面和客户见面。公司业绩虽然
不错，但是总感觉谁都没法依靠，什么都要靠自己，越来越焦
虑，也越来越疲惫。重金招聘一些优秀的人？不行，公司支出
会大增，如果不能带动收入，成本指标会很难看。总结自己的
销售经验，培训公司的销售团队呢？也不行，太耽误与客户谈
生意了，收入指标会很难看。那么请个培训机构，给员工培训

呢？还是不行，培训经费要从可分配利润里出，利润指标会很难看。

这位企业家的心中只有三个数字：收入、成本和利润。一切影响这三个数字的，都犯了天条。

这三个数字重不重要？当然重要。但是企业家之所以能有今天的收入和利润，是因为自己是一只能下金蛋的鹅。下了金蛋后，不去多买几只鹅一起下蛋，而是把它们都拿回家保存起来，然后抱怨自己下蛋太辛苦，那不是自找的吗？

这是很多管理者都容易犯的一个错误：短期利益一毛不拔，却渴望能拥有长期利益。又想马儿跑，又想马儿不吃草；又想鹅下蛋，又想吃鹅肉。

《5分钟商学院·管理篇》里讲到，优秀的管理者要懂得平衡短期利益与长期利益；平衡股东、员工与客户；平衡结果与过程。

平衡计分卡是哈佛商学院教授罗伯特·卡普兰和复兴全球战略集团创始人戴维·诺顿创建的一种战略管理工具。他们认为，传统的财务指标，比如收入、成本和利润，只能衡量过去发生的事情，但无法评估组织前瞻性投资。作为CEO（首席执行官），应该从财务、客户、过程、创新与学习四个维度来平衡管理公司。

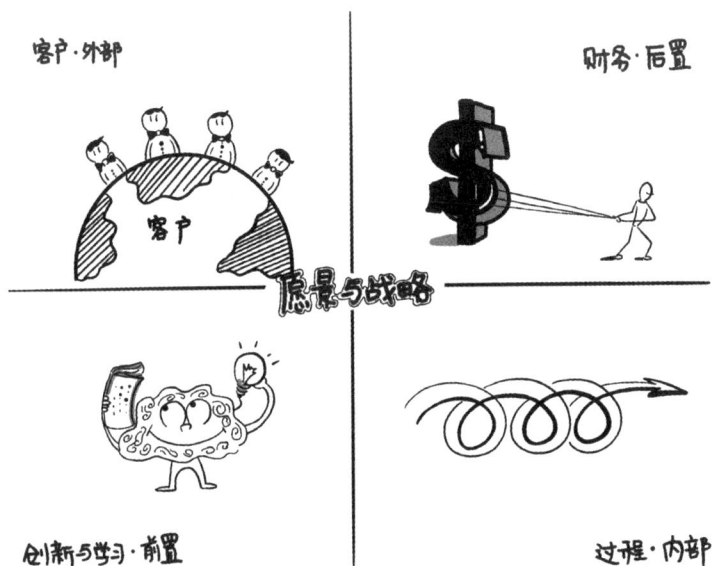

客户·外部　　　　　　　　　　　　财务·后置

客户

愿景与战略

创新与学习·前置　　　　　　　　过程·内部

比如一家儿童医院，应该如何用平衡计分卡来管理？

第一，财务。

作为医院，当然应该关注整个医院的收入、每个病案的收入、每个病案的成本，以及由此计算出来的毛利率和扣除成本后的净利润。这些都是重要的财务指标。

第二，客户。

但是，如果仅仅考核财务指标，可能会产生过度医疗、批发式看病等隐患，进而导致医患纠纷、病人流失、监管处罚，甚至发生医生遇袭的悲剧。所以，平衡计分卡要求设定与客户"共赢"的平衡指标，中和对利润的贪婪。

比如，由第三方调查的"患者满意度"与每一位医生的收入挂钩；微信匿名调查患者是否"愿意推荐"此医生给好友，得分最差的医生，定期淘汰。若整个医院的医生得分普遍比较差，追究院长的责任。

第三，过程。

财务数据优异，客户非常满意，都是结果。结果源于对内部管理过程的严苛控制。医院不赚钱、客户不满意……这些坏结果，考核时已经不可改变。要设定与结果有因果关系的过程指标，通过过程控制结果。

比如，把住院天数、满床率等作为财务指标这个"果"的"因"，考核管理层；把感染率、排队时间等作为客户满意度这个"果"的"因"，考核相关人员。

第四，创新与学习。

今天的财务数据再好看，都是昨天努力的结果。要想明天的财务数据也好看，同样需要今天做出大量财务之外的努力。在产品、服务、人才、科技上的投入，就用"远近"来平衡急功近利。

比如，用"病例知识库"的数量、易用性、使用率来考核技术部门，提高医院整体医疗水平；用"培训交流天数"来考核医生的学习投入；用"新仪器使用率"来考核医生对工具的掌握。

这4套体系，15~20个指标，已经把公司的"愿景和战略"像泡腾片一样融入每一位员工日常的每一项工作中。这也是为什么平衡计分卡被称为战略管理工具。

（画重点）

平衡计分卡

平衡计分卡，就是在财务、客户、过程、创新与学习四个维度分别设定指标，平衡管理的一套战略工具。用"共赢"指标来平衡外部与内部，用"因果"指标来平衡过程与结果，用"远近"指标来平衡短期与长期，帮助CEO成为一个真正的思考者和执行者。

9. 如何用科学的方法
追到女神
——SWOT分析

> 正确使用SWOT分析法，首先需要了解公司内部的优势和劣势，外部的机会和威胁，然后根据不同情况采取应对策略。

一名求职者参加一家大公司的面试，一路过关斩将，终于见到了老板。老板问了他很多问题，他也对答如流。最后老板合上简历，望着他的眼睛问："你觉得能力和机遇哪个更重要？"

"这真是一个好问题。"求职者轻声应道。说能力更重要，老板会不会说他没远见，不是常说"选择比努力更重要"吗？说机遇更重要，老板会不会说他不踏实，不也常说"机遇总是留给有准备的人"吗？

到底哪个更重要？这个问题先放下不表，来看一个貌似无关的工具：SWOT分析。

SWOT分析是20世纪80年代初由美国旧金山大学管理学教授韦里克提出的。S、W、O、T四个字母，分别代表strength（优势）、weakness（劣势）、opportunity（机会）和threat（威胁）。

比如一个人追求学校里的校花，怎么才能追到手？先对他做一下SWOT分析：优势——学习好，智商高；劣势——长得实在是太丑；机会——学校即将办一场联谊舞会，校花也会参加；威胁——不幸的是，全校最帅的男生也会去。

很多人知道SWOT分析，但并不是每个人都懂得SWOT分析的正确用法。SWOT分析的关键是：列好S、W、O、T后，把四个字母两两组合，产生四大策略。

第一，SO：优势+机会。

优势和机会匹配吗？也就是说，"学习好，智商高"这个优势，能在"联谊舞会"上展现吗？舞会主办方会允许追求者上台晒成绩单，或者证明贝叶斯定理吗？

如果可以，"优势+机会"的"杠杆效应"，会利用内部优势撬动外部机会，让追求者闪闪发光。追求者应该立刻报名，准备表演，获得女神青睐。这种策略叫作增长型战略。

第二，WO：劣势+机会。

但是，估计所有的学校都是一样的：没颜值是上不了台的。

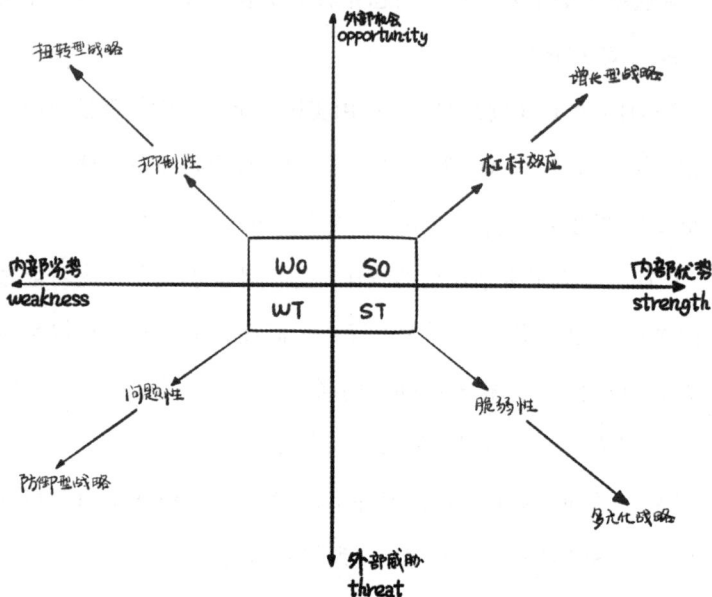

也就是说，外部的机会与内部的优势不匹配。甚至外部机会需要的能力，恰恰是追求者的劣势。

"劣势+机会"的"抑制性"，会压制追求者的优势，放大追求者的劣势。那怎么办呢？采取扭转型战略，改变劣势，迎合难得的机会。比如，立刻带着王俊凯、王源和易烊千玺的照片去韩国整容，然后回来报名，申请独唱《青春修炼手册》。

第三，ST：优势+威胁。

追求者的优势是"学习好，智商高"，威胁是"全校最帅的男生"也会参加舞会。怎么办？

"优势+威胁"将会体现出"脆弱性"。在"颜值就是估值"的舞会上，追求者的智商优势得不到充分发挥，出现"优势不优"的问题场面。必须采取多元化战略，发挥优势。

高智商的追求者灵机一动，找到团委老师说："老师，为了鼓励大家学习，我觉得今年的联谊舞会可以创新一下。我们理工院校，女同学稀缺，可以凭学生证入场；男同学过剩，必须凭期末成绩入场。这样可以激励同学们考出好成绩。"

第四，WT：劣势+威胁。

运用多元化战略，追求者拦掉了一大批高颜值、低智商的竞争对手。现在能进舞会的，都是智商不差，颜值也未必低的对手，这是真正严峻的挑战。

"劣势+威胁"，追求者遇到了最困难的"问题性"局面。怎么办？采用防御型战略，成立一个"谁说美女学不好数学"的社群，在舞会上招募会员，创造更多的接触机会，避免和帅哥在舞会上正面对抗。

这就是SWOT分析和四大战略。

回到最初的案例。老板追问求职者："能力和机遇，哪个更重要？"能力就是strength，机遇就是opportunity。求职者对老板说："当能力撑不起野心时，所有的路都是弯路。能力匹配机遇，最重要。"然后顿一顿说："我给您讲一个我在大学时，如何匹配能力和机遇，用SWOT分析追到校花的故事吧……"

○ 画重点

SWOT分析

SWOT分析，就是通过对内部优势和劣势、外部机会和威胁的分析，产生四大场景，以及对应的四大战略的分析工具。这些场景和战略是：在"优势+机会"的杠杆效应下，采取增长型战略；在"劣势+机会"的抑制性场景中，采取扭转型战略；在"优势+威胁"的问题性场景中，采取多元化战略；在"劣势+威胁"的脆弱性场景中，采取防御型战略。

10. 商业模式就是
"怎么挣钱"吗
——商业模式画布

> "商业模式画布"包含4个角度、9个模块，可以用来简单高效地设计和表述一整套商业模式。

有一个人某天突然被灵感砸中脑袋，产生了一个创业想法：做一个人脸识别系统，帮助服装店用智能摄像头识别顾客，自动匹配顾客在社交账户里的文字、照片、视频等，识别顾客的性格、爱好、婚否、消费能力等，店员可以有针对性地推荐销售，提高成交率。他立刻做了个模型，到处见投资人。投资人听他噼里啪啦讲了45分钟之后，点了点头，冷静地问："你的商业模式是什么？"这几乎是每个投资人都会问的问题，却让他很无语：

"刚才我讲的，难道不是商业模式吗？"

商业模式和战略一样，是一个被广泛使用，但没有官方定义的概念。很多人问商业模式，其实就是问怎么挣钱。但《商业模式新生代》的作者亚历山大·奥斯特瓦德认为，<u>一个完整的商业模式，应该包括4个视角、9个模块。</u>他提出了著名的"商业模式画布"。

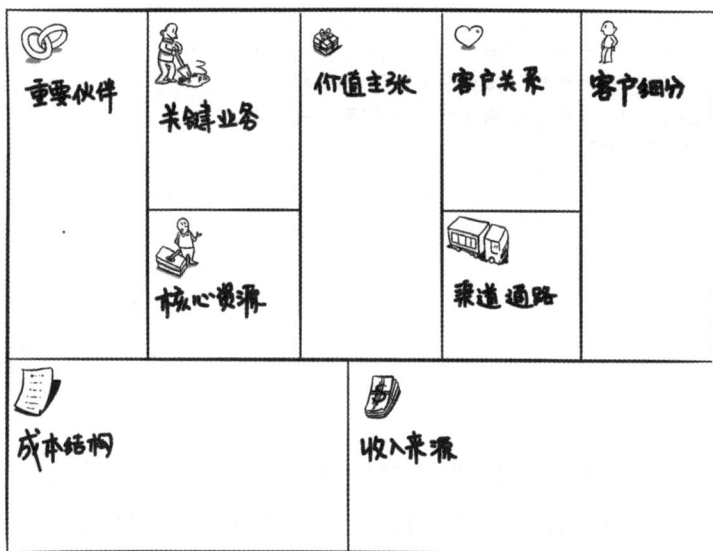

下面我们试着用商业模式画布来回答一下这位投资人的问题。

很好的问题。关于"熟悉的陌生人"这个项目的商业模式，我们是从4个视角——为谁提供、提供什么、如何提供，以及如何赚钱来考虑的。我将基于这4个视角，从9个方面详细回答您的问题。

第一，客户细分。

零售作为一个渠道，其效率等于"流量×转化率×客单价"。门店销售人员从顾客进门开始，就为转化率和客单价而战。但是这些都严重依赖于对客户的深度了解。我们打算服务于所有为此痛苦的门店。

第二，价值主张。

"熟悉的陌生人"项目所提供的价值，是通过门店智能摄像头的人脸识别，匹配每个到店客人的社交账户，把即便是第一次到店的客人也变成"熟悉的陌生人"，让店员有针对性地推荐服装，提高转化率、客单价，提升业绩。

第三，渠道通路。

我们的合伙人在服装业深耕20多年，了解加盟、开店、运营的各种明规则、暗文化。我们会先通过几家小店走通闭环，然后集中火力攻占一家大型连锁服装店，再以此为样本，与加盟商合作，在全国推广我们的系统。

第四，客户关系。

我们将通过代理渠道，和门店建立商务关系；通过云端系统，和门店建立运营关系。随着"熟悉的陌生人"在系统内的购买量越来越大，我们对顾客的分析和推荐将更加精准。我们和门店之间会形成彼此增益的关系。

第五，收入来源。

初装费，也就是人脸识别设备和安装费用。人脸识别设备的收入，归公司；安装费用，用来维护渠道。

使用费。门店可以按成功识别次数，单独支付使用费。

会员费。门店可以购买年度会员，享受全网社交匹配能力；还可以购买年度金牌会员，享有系统不断积累的独家消费数据，进一步提升业绩。

第六，核心资源。

我在人工智能，尤其是人脸识别领域已有10年的研究积累，发表了众多论文。技术实力是"熟悉的陌生人"系统巨大的支撑。

第七，关键业务。

我们要做三件核心的业务：1. 建立全网社交数据库，利用大数据和人工智能，做性格、偏好、消费能力等特征分析；2. 提高识别的速度和正确率，实现95%正确率的秒级响应；3. 在全国铺设代理、加盟的渠道体系。

第八，重要伙伴。

我们的第三合伙人专门负责战略合作。我们正在建立和社交平台、硬件供应商、行业协会等相关领域的合作关系。

第九，成本结构。

我们最重要的成本是人员成本。这也是我们需要融资的原因。这笔钱将用来：1. 扩大团队，加快技术迭代；2. 拓展全国性加盟网络；3. 做案例营销，获得关注。

"为谁提供、提供什么、如何提供，以及如何赚钱"就是我们的商业模式。希望能得到您的投资，我们一起创造新的蓝海。

这就是"商业模式画布"，用4个视角、9个模块来设计和表述商业模式。

画重点

商业模式画布

《商业模式新生代》的作者亚历山大·奥斯特瓦德提出了一套叫"商业模式画布"的工具。这套商业模式画布包括4个视角：为谁提供、提供什么、如何提供，以及如何赚钱；9个模块：客户细分、价值主张、渠道通路、客户关系、收入来源、核心资源、关键业务、重要伙伴，以及成本结构。

第二章

博弈工具

明明可以共赢，为什么他们『损人不利己』

向香港电影学习如何破解『囚徒困境』

不懂搭便车，连小猪都不如

三根救命毫毛，为何只给孙悟空

诚信是与这个世界重复博弈的心态

你有你的『空城计』，我有我的『木马计』

让时间最不值钱的旅客下飞机

博弈游戏，有时也是吃人的陷阱

吃着碗里的，看着锅里的，想着田里的

用惩罚回报恶行，用善行回报善行

1. 明明可以共赢，为什么
他们"损人不利己"
——纳什均衡

> 纳什均衡是一种博弈的稳定结果，谁单
> 方面改变策略，谁就会损失。用这个视
> 角看商业世界，会有不同的发现。不过
> 结果好坏，关键靠制度设计。

　　两家人工智能公司"熟悉的陌生人"和"看透人心"，都在耕耘人脸识别市场，但这项技术还处于"技术采用生命周期"的早期，用户接受起来比较困难。于是两位创始人见面，商量共同投入，培育市场，并立下君子协定：各投入 1 亿元，大举宣传人脸识别技术。这将给各自带来 2 亿元收入，减去投入，各赚 1 亿元。但如果只有一家投入，效果会差很多，投入 1 亿元赚 5 000 万元，等于赔 5 000 万元，不过未投入者会搭便车赚到 2 000 万元。如果都不投入呢？不赚不赔。

显然，共同投入是最优策略。

联合宣传策略		熟悉的陌生人	
		投入1亿元	不投入
看透人心	投入1亿元	熟悉的陌生人：赚1亿元 看透人心：赚1亿元	熟悉的陌生人：赚2 000万元 看透人心：赔5 000万元
	不投入	熟悉的陌生人：赔5 000万元 看透人心：赚2 000万元	熟悉的陌生人：不赔不赚 看透人心：不赔不赚

其中一家公司创始人立刻召集团队开会，部署1亿元的营销计划。这时，营销总监对他说："老板，1亿元不是小数目。如果他们投了，我们不投，就可以白赚2 000万元，让他们倒亏5 000万元。那时我们再继续乘胜追击，扩大战果，顺便干掉元气大伤的对方，不是更好吗？而且，假如我们真投了1亿元，对方狡猾不投，我们不是会死得很难看？"

创始人一听，有道理，那先看看他们的动作。等了几个月，双方都没动作。创始人咬牙切齿："还好我也没投，不然死无葬身之地。"

这个场景是不是很常见？我们把这叫作"各怀鬼胎"。但

"共同投入，共同获利"明显是最优策略，为什么双方最后都选择"损人不利己"呢？是道德问题吗？是文明程度问题吗？

都不是。因为在这个制度设计下，损人不利己其实才是最优策略。要解释这个问题，就要说到美国数学家约翰·纳什和著名的"纳什均衡"。

亚当·斯密认为，通过市场这只"看不见的手"调节个体追求私利的行为，反而会促进集体利益最大化。但纳什发现好像不对。在上面的案例中，双方都不在乎帕累托最优、社会福利函数最大化，他们只在乎一件事：如果自己投资了而对方没有投资，自己就会有巨大损失。这个风险承受不起。博弈到最后，一方不投入，另一方也不投入，大家都不投入。

而且，"都不投入"的结果一旦形成，就非常稳定。一方想改变现状，决定单方面投入，会损失5 000万元；另一方决定单方面投入，也会损失5 000万元。谁也无法单方面改变现状。这样就形成了一个稳定的"纳什均衡"，虽然它是一个"坏的均衡"。

简单来说，纳什均衡就是一种博弈的稳定结果，谁单方面改变策略，谁就会损失。

把"坏的均衡"变成"好的均衡"，必须改变制度设计。比如签署违约条款：未投入者，赔偿对方5 000万元。这时，"共同投入"就成为新的纳什均衡，一个好的均衡。

联合宣传策略	熟悉的陌生人	
	投入1亿元	不投入
看透人心 投入1亿元	熟悉的陌生人：赚1亿元 看透人心：赚1亿元	熟悉的陌生人：赔3 000万元 看透人心：不赔不赚
看透人心 不投入	熟悉的陌生人：不赔不赚 看透人心：赔3 000万元	熟悉的陌生人：不赔不赚 看透人心：不赔不赚

这个学说的提出，震动了整个经济学界。诺贝尔经济学奖得主萨缪尔森曾说：你只要教会一只鹦鹉说"供给"和"需求"，它就能成为经济学家。博弈论专家坎多瑞说：这只鹦鹉现在必须多学一个词了，那就是"纳什均衡"。诺贝尔经济学奖得主迈尔森说：发现纳什均衡的意义，可以和生命科学中发现DNA（脱氧核糖核酸）的双螺旋结构相媲美。

有了纳什均衡的视角，再去看整个商业世界，就像开了天眼一样，在不同的制度设计下，满眼都是"好的均衡"和"坏的均衡"。

比如价格大战。寡头们都不降价，收益最大。但如果一家悄悄降价，就会抢占巨大利益。所以，降价是寡头们的最优策略，导致利润微薄的"坏的平衡"。而寡头们通过制度设计，组成

"托拉斯"，形成价格同盟，走向"好的平衡"。接着政府通过制度设计，出台《反托拉斯法》，打破价格同盟，逼着寡头们走向"坏的平衡"。

很多博弈论中的经典理论都基于纳什均衡。

（画重点）

纳什均衡

简单来说，纳什均衡就是一种博弈的稳定结果，谁单方面改变策略，谁就会损失。"看不见的手"未必会把自私的力量导向社会福利最大化。自私，可能会导致好的纳什均衡，也可能会导致坏的纳什均衡，关键是制度设计。

2. 向香港电影学习如何破解"囚徒困境"
——囚徒困境

博弈论中最经典的案例，是"好的不均衡，坏的却稳定"的囚徒困境。可以通过提高合作报酬和背叛惩罚，破解这个问题。

1950年，美国数学家阿尔伯特·塔克为了向一群心理学家解释博弈论，编了一个"囚徒困境"的故事。

两名囚徒A和B被隔离审讯。如果两人彼此背叛，都坦白罪行，会被判刑8年。但如果一人坦白，一人不坦白，坦白的人直接释放，不坦白的人重判15年。如果两人合作，都不坦白呢？因为证据不足，都只判1年。

囚徒困境		A	
		合作（不坦白）	背叛（坦白）
B	合作 （不坦白）	A: 合作报酬，判1年 B: 合作报酬，判1年	A: 背叛诱惑，判0年 B: 受骗支付，判15年
	背叛 （坦白）	A: 受骗支付，判15年 B: 背叛诱惑，判0年	A: 背叛惩罚，判8年 B: 背叛惩罚，判8年

囚徒应该怎么做？显然，"都不坦白"是最优策略，两人判得最轻。但学过纳什均衡就会明白，"都不坦白"是经不起考验的最优策略：如果一方选择背叛，将立即获释，诱惑太大；而且就算守口如瓶，万一对方背叛了呢？会被判15年，风险太高。在利益驱使下，"都不坦白"不是稳定的纳什均衡。

"都坦白"呢？那两人都会获刑8年。这时，如果一名囚徒决定守口如瓶，他的8年刑期将立刻变为15年，而另一人则被释放。这一点儿好处都没有，两名囚徒如果是理性的，都不会这么干。"都坦白"是囚徒困境中唯一稳定的纳什均衡。

"好的不均衡，坏的却稳定"的囚徒困境，是博弈论中最经典的案例。

一个典型的囚徒困境，用数学的语言表述，其实就是满足两个条件的博弈。

第一，背叛诱惑>合作报酬。在这里，合作报酬是判刑1年，背叛诱惑却是立即释放。这将导致"都不坦白"不构成稳定的纳什均衡。

第二，受骗支付>背叛惩罚。在这个案例中，背叛惩罚是判刑8年，受骗支付却是判刑15年。这将导致"都坦白"成为稳定的纳什均衡。

这就是"囚徒困境"的数学原理。理解了这两点，破解方法也就显而易见了：让"合作报酬>背叛诱惑"，"背叛惩罚>受骗支付"。

具体怎么做？香港警匪片中有很多关于博弈论的情节。下面我们向香港电影学习如何破解"囚徒困境"。

第一，让"合作报酬>背叛诱惑"。

怎样才能提高合作报酬，也就是"不坦白"的收益？在香港电影中，如果死不招供，坐牢时就会有人带话："大哥让我告诉你，家里的事情不用担心，老人、嫂子、孩子，我们都会照顾好。你出狱那一天，还会有一大笔现金。"这就是提高合作报酬。

怎样才能降低背叛诱惑？一个坦白从宽的囚徒，如果因为背叛而被立即释放，电影中通常会出现这样的场景：一个冬日的夜晚，他走向自己的汽车，发动的一瞬间，汽车轰然爆炸。

从博弈论的角度看，其实就是用"有仇必报"的制度降低背叛诱惑。

黑社会老大也许没学过博弈论，但他在做的事情，就是努力让"合作报酬>背叛诱惑"，把"都不坦白"变为一个稳定的、对他来说好的纳什均衡。

第二，让"背叛惩罚>受骗支付"。

把"都不坦白"变为纳什均衡后，囚徒困境就有了两个纳什均衡：都不坦白和都坦白。下面就要摧毁"都坦白"这个旧的纳什均衡。怎么做？提高背叛惩罚，降低受骗支付。

怎样才能提高背叛惩罚？除了打打杀杀的惩罚之外，香港电影里的黑社会都在建设一种"忠义文化"。这种文化的本质，是增加心理上的背叛惩罚：不讲义气？那会被整个组织、整个江湖唾弃，甚至没有立足之地。

怎样才能降低受骗支付？囚徒被出卖了，兄弟们除了给钱，帮他赡养家人之外，还会替他报仇，他的仇人就是兄弟们的仇人。不管他的仇人走到天涯海角，虽远必诛。这就是降低受骗支付。

黑社会老大继续努力让"背叛惩罚>受骗支付"，最终摧毁了"都坦白"这个对他来说坏的纳什均衡。于是，通过制度设计，"都不坦白"就变成了唯一的纳什均衡。

囚徒困境

"背叛诱惑>合作报酬"导致大家都想招供，"受骗支付>背叛惩罚"导致大家不愿守口如瓶，这种困境就叫"囚徒困境"。怎么破解囚徒困境呢？我们可以向香港电影中的黑社会学习：第一，提高合作报酬，降低背叛诱惑，把"都不坦白"变成新的纳什均衡；第二，提高背叛惩罚，降低受骗支付，打破"都坦白"这个原有的纳什均衡。

3. 不懂搭便车，
连小猪都不如
——智猪博弈

小企业要懂得合理搭便车，实施"占优策略"分得市场。大企业要懂得利用专利保护等制度设计，制约小企业占尽便宜。

智猪博弈是基于纳什均衡的一个著名案例。

这是博弈论界一个非常知名的猪圈。猪圈很长，一头是一个踏板，另一头是一个食槽。如果在这一头踩下踏板，那一头的食槽就会掉下10份食物。猪圈里面有一只大猪和一只小猪。不管谁去踩踏板，都要消耗相当于2份食物的能量。那么问题来了，谁去踩踏板呢？有四种情况。

第一，大猪、小猪都守在食槽边，等着对方去踩踏板。这样谁也吃不上。

第二，大猪、小猪同时踩踏板，然后同时跑向食槽，同时吃。大猪比较能吃，吃了7份食物，减去跑步消耗的2份体能，实得5份；小猪则只吃了3份，实得1份。

第三，大猪很懒，守在食槽边不动，小猪跑去踩踏板。这时大猪就能吃得更多，独得9份，而且因为没有运动，实得9份；小猪踩完踏板跑到食槽边，就只能吃到1份，减去跑步消耗的2份体能，实得–1份。

第四，反过来，小猪守在食槽边不动，大猪跑去踩踏板。这时小猪能吃到4份，实得4份；大猪跑回来，还能抢到6份，实得4份。

根据"纳什均衡"，大猪小猪的最佳策略是什么？

智猪博弈		大猪	
		踩踏板	不踩踏板
小猪	踩踏板	大猪：5 小猪：1	大猪：9 小猪：-1
	不踩踏板	大猪：4 小猪：4	大猪：0 小猪：0

大猪小猪的纳什均衡是：大猪踩板，小猪不动。为什么？

如果大猪单方面改变策略，不去踩踏板，策略集合将变为"大猪不动，小猪不动"，大猪的获益将从4减为0，它不会傻到这么做。如果小猪单方面改变策略去踩踏板，策略集合将变为"大猪踩板，小猪踩板"，小猪的获益将从4减为1，它也不会这么做。所以，"大猪踩板，小猪不动"，各自获益4份食物，是一个稳定的纳什均衡。

这就很有意思了。"囚徒困境"中，虽然两名囚徒各自心怀鬼胎，但是一荣俱荣、一损俱损，最后的纳什均衡是"一损俱损"的彼此背叛。但是在"智猪博弈"中，居然出现了小猪明显占优的现象，最后的纳什均衡是"大猪踩板，小猪不动"下的小猪"搭便车"。

这就是著名的"智猪博弈"。对小猪来说，其实没什么好博弈的：不管大猪是踩还是不踩，对小猪来说，不踩是更好的选择，小猪明显占有优势。不踩，在博弈论的术语中，是小猪的"占优策略"。

这个有趣的"智猪博弈"，对商业世界有哪些启示呢？

第一，小企业要懂得合理"搭便车"。

搭便车，听上去和"价格歧视"一样，让人有些不舒服。但是在法律允许的范围内搭便车，是小企业重要的占优策略，应该毫不犹豫。其实，不知不觉中，小企业可能已经在使用这个策略。

比如，小房地产商可以在万达或者万科项目的附近拿地，然后等待大地产商把生地炒熟，搭便车获利。

比如，小制造企业可以等待大公司投入巨资，推出被验证能赢利的新产品，然后搭便车进入市场分蛋糕。

比如，小证券公司可以等待大证券公司不断试错，找到金融科技的基本玩法后，"搭便车"实施最优方案，分得市场。

比如，小国家的总统可以把"跟随型战略"作为国家战略，不断在科技、产业、创新上搭便车，等待成为大猪，再讲"大国心态"。

第二，大企业要懂得制约"小猪心态"。

如果便宜都给小企业占了，那大企业怎么办呢？这对社会资源的分配是否不公平，甚至会降低效率呢？会不会导致大家都不创新呢？

专利保护，就是防止"小猪心态"的制度设计。养猪的人规定，在食槽里锁定一块区域，给踩到踏板的猪独享。这样，大猪就不用担心自己跑去踩踏板，食物却被小猪分光。小猪发现等待不是占优策略，也会去踩踏板。

在管理中也一样。如果懒人存在占优策略，就会劣币驱逐良币，导致勤奋的人受挫，陆续离开。怎么办？记住一个原则：踩踏板的猪一定要比不踩踏板的猪吃得多。激励要给个人，不能给团队，否则团队中就会出现小猪。

（画重点）

智猪博弈

智猪博弈是一种特殊的纳什均衡，搭便车的小猪拥有"不管大猪做什么，小猪都不需要动"的占优策略。商业世界中，除了一荣俱荣、一损俱损的囚徒困境，还有大量的智猪博弈。小企业要懂得合理搭便车，大企业要懂得制约小猪心态。

4. 三根救命毫毛，
为何只给孙悟空
——公地悲剧

善用公共资源能带来长远收益，但个体会受到"何不捞一把"的诱惑，采取自私的短期策略，导致公共资源耗尽。要想办法破坏这个"坏的纳什均衡"。

某公司发展不错，为了获得长期稳定收益，公司老板决定引入预算制管理，但又担心预算制会限制灵活性。于是在部门预算外，留了一块"公共预算池"，各位合伙人可以为了公司发展，自由动用里面的钱。老板心想这些合伙人都是公司股东，不会乱花钱的，因为那样利润就会减少，他们的分红也会减少。

然而，老板发现自己错了。公司的合伙人想尽一切办法打这笔钱的主意。就算是平常最节俭的人，都会想出很多理由来动用这笔钱。老板百思不得其解，为什么会这样？

这是因为，这个看似聪明的设计，其实一点儿都不聪明，它激发了博弈论中"坏的纳什均衡"——公地悲剧。

什么是公地悲剧？

有一片公共牧场，所有牧民都可以在这块牧场上放牧。每个牧场的草都是有理论容量的。当牛的数量在理论容量之下时，牧场的草被吃掉后，又会很快长起来，此起彼伏，生生不息。但是如果牛的数量太多，它们吃草时就会连草根都吃掉，导致草场退化，最后所有牛都吃不饱，有的甚至饿死。

显然，最优的策略是：所有的牧民商量好，每家养的牛不能超过一定数量。比如，这家只准养5头牛；另一家人多，可以养7头牛；那家人最少，养2头牛吧。

一开始相安无事，几天后，就有几个自私的牧民多放了几头牛。其他牧民很气愤，指责了几句之后，想："我守规矩有什么用？草地早晚要被别人糟蹋完的，不如我也分一点是一点。"于是，越来越多的牛出现在草地上。最后，草场退化，牛群饿死。

这就是"公地悲剧"。公地悲剧的理论模型，是1968年英国教授加勒特·哈丁首先提出的。这个模型再一次挑战了亚当·斯密"追求个人利益，将导致集体利益最大化"的假设，证明了纳什的理论：博弈的多方可能会达到一个稳定的均衡状态，但是这个均衡未必是对大家都好的"帕累托最优"。

回到最初的案例。公共预算池之所以会被不加节制地花完，就是因为这是一块"公地"。每个合伙人在有部门预算和公共预算时，都会想方设法先把公共预算花完。因为就算他不花，别人也会花的，最终造成公地悲剧。

公地悲剧其实随处可见，比如海洋渔业过度捕捞、污染偷排偷放等，都是因为海洋、天空是"公地"，"我不捕捞，他也会捕捞"的"捞一把心态"，把保护环境变成了公地悲剧。

解决公地悲剧问题，一般有两种方法。

第一，私有化。

比如放牧问题，把牧场切割为10份，分给10个家族。牧场一旦私有化，牧民的"捞一把心态"就会消失，他们会有内在的动力，在放牧和保护牧场之间找到平衡。

比如公共预算池问题，把所有预算分到部门。当"这笔钱是我的"的时候，管理层就不会有"不花白不花"的心态了。

比如三根救命毫毛，不能给唐僧师徒四人，不然早就用完了。观世音很聪明，都给了孙悟空，这就是公共资源私有化。

通过私有化，公地悲剧中"坏的纳什均衡"就被破坏了。

第二，强管制。

思想教育是重要的，但却未必能从根本上解决公地悲剧这个特殊的"坏的纳什均衡"。如果有些公共资源没有办法私有化，比如海洋、空气，可以用收费、发放许可证等制度来实现强管制。

比如还是放牧问题，可以把牧场围起来，每头牛收100元的放牧费，发放养殖许可证。这实际上是对公共资源的定价和管制。

比如还是公共预算池问题，使用公共预算池里的预算，必须由CEO单独特批，并单独考核其投资收益率。

比如对海洋、天空等公共资源的保护，国家强制规定了禁捕期、网眼大小等。

反过来，能不能通过"设计"公地悲剧，反向获得利益呢？古代的皇帝很讲究"御臣之术"。皇帝会故意设计一块"公地"，不讲清楚归谁管，让大臣们在"公地"上打得你死我活，彼此争斗制衡，消耗内力，同时还对君王死心塌地。御臣之术的本质，就是故意制造公地悲剧。

（画重点）

公地悲剧

虽然善用公共资源可以为集体和个体带来长远收益，但是个体总会受到"何不捞一把"的诱惑，采取自私的短期策略，导致公共资源耗尽。公地悲剧是一个典型的"坏的纳什均衡"。怎样才能克服公地悲剧呢？第一，把公共资源私有化，破坏纳什均衡；第二，对无法私有化的资源加强管制。

5. 诚信是与这个世界

重复博弈的心态

——重复博弈

当双方是一锤子买卖时，很可能宰你没商量。但如果把一次博弈变成重复博弈，总体利益就能抵抗住短期诱惑，大家就会更讲诚信。

看完"囚徒困境"、"智猪博弈"和"公地悲剧"之后，也许有些人会觉得很沮丧。在巨大的利益面前，看来道德真的战胜不了私利。损人未必利己，居然一次次血淋淋地成了稳定的"纳什均衡"。

可是，商业世界真的都是如此弱肉强食、背叛成性、目光短浅吗？

一个人去菜市场买菜，走到一个摊位，拿了几个西红柿放在秤上。老板说："五块五。"买菜的人说："这么贵啊！"老板笑着说："不会卖给你贵的，我在这里卖菜又不是一天两天了。"买菜的人听了这句话，心中的疑虑顿时消散。

"我在这里卖菜又不是一天两天了"，这句话为什么有这么大的魔力呢？

一个人去某海岛城市旅行，来到一家小饭店，看到水缸里有一种从未见过的鱼，就好奇地问老板："这是什么鱼啊，多少钱一斤？"老板以迅雷不及掩耳之势，捞起那条鱼摔死在地上，然后说："深海石斑，300元一斤。"这个人惊呆了，盯着地上那条刚被摔死的5 000元的鱼，心想如果不买单，躺在地上的恐怕就是自己了。

小饭店的老板到底哪里来的胆量，敢如此肆无忌惮地宰客？

要理解这些商业现象背后的逻辑，就要聊到博弈论中一个极其重要的概念：重复博弈。

对大多数人来说，同一个旅游城市，这辈子只会去几次，而两次去同一家饭店吃饭的可能性几乎为零。在那家饭店老板的眼中，这就是"一锤子买卖"，专业术语叫"一次博弈"。在一次博弈中，饭店老板的最优策略是什么？当然是宰客了！反正顾客不会再来了。

但是家门口菜市场的小摊贩呢？"我在这里卖菜又不是一天两天了"，这句话代表他希望与顾客的关系是"重复博弈"。这次坑了顾客，下次顾客就不会来买菜了，说不定还会让邻居们都不来买菜。当把重复博弈的长远利益考虑进来，一次博弈的得失就显得不那么重要了。

这就是重复博弈的力量。理解了重复博弈之后，似乎找到了一条治愈"损人未必利己"这种坏的纳什均衡的良药：把一次博弈变成重复博弈。

以前我们总是批评商家不讲诚信。为什么？因为商家可以通过"消费者隔离"的手段，使每次交易都是单独的一次博弈。有了电商之后，电商用"公开点评"的功能，把一个个一次博弈连接成无数次重复博弈，每一次交易都会影响下一次。因此，商家的态度热情了，退货积极了，也更有诚信了。

什么是诚信？诚信是一种心态，一种选择与这个世界重复博弈的心态。

怎么用重复博弈的方法，获得商业成功呢？

如果某旅游景区的政府部门可以把向商家宣传诚信经营的财务预算拿出来，和大众点评网合作，或者建立类似的评价体系，把一次博弈变成重复博弈，就能自然提高商家的诚信度。严厉一点儿的话，每年强制取缔好评度低于10%的商家，更换新鲜血液，刺激商家提高诚信度。

反过来说，顾客去一家明显打算一次博弈的饭店、商铺，该怎么和店员讨价还价呢？对餐厅，顾客的基本策略是告诉对方，自己是本地人；对商铺，顾客的基本策略是告诉对方，自己的家就住在旁边；对品牌，顾客的基本策略是告诉对方，自己是它们的老客户。这都是通过把一次博弈变成重复博弈，来唤醒商家的诚信。

千万不要跟对方说：我明天就要搬家了。这么说，就是告诉对方：这是我们之间重复博弈的最后一次。对方的心态很可能立刻从重复博弈变成一次博弈，放弃诚信。

这就是为什么每次盛传世界末日的谣言时，有的地方就会出现打砸抢事件。文明的商业社会建立在"无限次重复博弈"的假设前提下，一旦末日论盛行，就意味着所有的重复博弈马上变回一次博弈，有些人会立刻撕下文明的面具，社会立刻变得野蛮。

（画重点）

重复博弈

当博弈双方是"一锤子买卖"的时候，双方很可能会选择"损人未必利己"的坏的纳什均衡。但如果博弈双方都知道，同样的博弈会无限次重复下去，他们就会把重复博弈的总体利益作为更重要的衡量标准，克服短期"损人未必利己"的诱惑。诚信，就是把一次博弈变成重复博弈；文明的商业社会，就是把有限次重复博弈变成无限次重复博弈；而重复博弈，是治疗坏的纳什均衡的终极解药。

6. 你有你的"空城计"，
我有我的"木马计"
——不完全信息博弈

在信息不完全对称时，你可以用"空城计"虚张声势，我可以用"木马计"刺探军情。维护和打破信息不对称，成为双方的重要策略。

到目前为止讨论的博弈论，都基于一个假设：信息对博弈双方是完全对称的。但在现实生活中，大部分博弈的信息是不完全对称的。

再次回到"囚徒困境"。两个囚徒都不坦白，各判1年；其中一个囚徒独自坦白，立即释放，另一个囚徒判15年；若都坦白，各判8年。先不管怎么决策，这些信息至少是囚徒双方都完全知道的。这叫"完全信息博弈"。

但是，万一警察给双方的坦白条件不一样，而囚徒彼此却不知道呢？万一一个囚徒的仇家给了另一个囚徒好处，他宁愿自己重判，也要让对方多判刑呢？万一一个囚徒得了重病，想长期待在监狱里养着呢？这些信息会严重影响博弈策略。这就叫"不完全信息博弈"。

在现实生活中，不完全信息博弈远远多于完全信息博弈。A公司通过长期耕耘，拥有了支配性的市场地位和丰厚的利润。B公司非常眼红，也想进入市场分一杯羹。A公司面临一个艰难的选择：是通过"撇脂定价法"降低售价，使B公司觉得无利可图，从而阻挠其进入市场呢？还是不降价，默许B公司进入市场？

阻挠，当然会带来利润损失，但保住了市场份额；默许，虽然没降价，但B公司进入后会分掉市场份额，也会带来利润损失。显然，A公司的博弈策略是：比较阻挠成本和默许成本，看哪一个成本更高。

同样，对于B公司，要不要大举投入、拼死进入呢？如果A公司阻挠成本更高，很可能会默许自己进入，自己就有利可图；但如果阻挠成本不高，A公司一定会降价求生，自己就会血本无归。所以，B公司的博弈策略也是：比较A公司的阻挠成本和默许成本，看哪一个成本更高。

"阻挠成本有多高"这个信息，A公司很清楚，B公司却不知道。这就是"不完全信息博弈"。

不完全信息博弈，就是指在不充分了解其他参与人的特征、策略空间，以及收益函数的情况下进行的博弈。这个话题涉及太多的数学知识，比如"贝叶斯纳什均衡""海萨尼转换"等。假设A公司的阻挠成本很高，在完全信息博弈中不加阻挠，默许B公司进入市场，是对双方最有利的纳什均衡，虽然因此A公司会有所损失。

但是，在不完全信息博弈中，A公司就有了一个特殊的博弈策略：空城计。A公司可以跟媒体说：欢迎友商加入市场。等B公司进入了，再"关门打狗"，让它25年都赚不到钱。

那B公司呢？既然A公司用空城计，B公司就可以用"木马计"，派人假装面试A公司的高级职位，深入打探A公司的真实运营情况。如果发现A公司在虚张声势，就可以乘虚而入。

在不完全信息博弈下，维护和打破信息不对称，成为双方最重要的策略。理解了这一点，再看看传统的博弈智慧《三十六计》中的瞒天过海、围魏救赵、声东击西、暗度陈仓、浑水摸鱼等，本质都是一样的：通过制造信息不对称，获得策略优势。

空城计在博弈论中有一个类似的策略，叫作"斗鸡博弈"：两只公鸡狭路相逢，哪只鸡张牙舞爪、看上去更凶，就会吓退另一只鸡，不战而屈人之兵。"斗鸡博弈"在大国之间的政治博弈中经常使用，通过故意制造信息不对称，模糊对方对博弈策略的预测性，吓退对手，不战而胜。

（画重点）

不完全信息博弈

在不充分了解其他参与人的特征、策略空间，以及收益函数的情况下进行的博弈。在信息不完全对称的情况下，你可以用"空城计"虚张声势，我可以用"木马计"刺探军情。互联网最大的作用之一就是消灭信息不对称。

7. 让时间最不值钱的
旅客下飞机
——拍卖博弈

> 拍卖博弈的核心逻辑，就是在不完全信息博弈中，尽量引发博弈者们"自相残杀"，获得最高收益。

2017年4月，旅客们陆续登上美联航UA3411航班，等待起飞。这时机组人员突然宣布：因为有4位工作人员要搭乘本航班，所以需要4位旅客下飞机，这4位旅客将会获得补偿金。

每一件事情背后都有其商业逻辑。旅客因此多花了5小时逗留机场，补偿金就是购买这5小时的价格。可是，每位旅客的时间成本并不一样，让"时间最不值钱"的旅客下飞机，并因此支付最少的补偿金，就成了航空公司的目标。但是，谁的时间最不值钱呢？工作人员启动了对付不完全信息博弈的一个大杀器：拍卖。

工作人员从100美元开始报价，有没有旅客愿意下飞机？没有。200美元？300美元？时间成本不到200美元的旅客，会不会等到报价300美元才举手呢？一般不会。因为如果贪心等到300美元，就有被别人抢先举手的风险。我遇到过好几次"登机口拍卖"，大概在400美元左右，志愿者就出现了。

航空公司在不完全信息博弈中，用拍卖的手段，让"时间最不值钱"的旅客主动站了出来，并支付了最少的补偿金。

这么好的策略，为什么美联航最后还是把一名旅客拖下了飞机，激起众怒呢？那是因为美联航在拍卖规则里设定了1 350美元的上限，但非常不巧，那架航班上的每个人都觉得自己的时间比1 350美元贵。事发后，美联航把拍卖上限调整为1万美元。

在不完全信息博弈中，拍卖是一个非常聪明且重要的策略。那么，怎样才能利用好拍卖策略呢？

第一，英国式拍卖。

英国式拍卖，就是从一个底价开始，通过不断竞价，激发参与者报出越来越接近其心理价位的价格，最后价高者得的拍卖模式。

英国式拍卖是最常见的拍卖。拍卖行的古董拍卖、慈善晚宴的善品拍卖，都是英国式拍卖。

如果担心成交价过低，可以设定一个"保留价"，叫价最后没超过保留价，交易作废。

如果担心报价不踊跃，可以设定一个"速胜价"，或者"一口价"，当某竞拍者选择不逐级加价，从底价直接报到"速胜价"，就不再竞拍，直接成交。

第二，荷兰式拍卖。

荷兰式拍卖是一种"降价拍卖"，因荷兰人用这种方法拍卖郁金香而得名。郁金香的价值随着时间的流逝不断递减，卖家也因此不断降低报价，直至达到买家的心理价位，最终成交。

在现实生活中，荷兰式拍卖并不多见。但经常做采购招标架构的人，可以试试荷兰式拍卖和日本式拍卖的结合体。

日本式拍卖指的是：只有上一轮出价者，才能参与下一轮出价。

比如，某公司要采购一批办公用品，邀请10家供应商参与竞标。用荷兰式拍卖，从10万元开始降价竞拍，假如有8家同意以10万元供货，请另2家退场，不再参与下一轮竞标；再把招标价降为9万元，这8家中也许就只有5家能接受了；继续降为7万元，有2家接受；降为6万元，只剩1家。最后，该公司以6万元的价格，和这家供应商签署采购合同。

第三，密封式拍卖。

如果竞标者明明4万元就愿意供货，在逐渐降价的荷兰式拍卖中，最后以6万元成交，这家公司不就亏了吗？怎么办呢？试试密封式拍卖。请所有竞标者把各自报价写在密封的信封里，分别交给这家公司。这种密封式的荷兰式拍卖，由最低价中标，又叫"暗标"。上海的汽车牌照就是密封式的英国式拍卖，由最高价中标，又叫"暗拍"。

密封式拍卖，让参与者完全不知道别人的出价，参与者只好直接叫出最接近自己心理价位的报价，以提高成交机会。

第四，维克瑞拍卖。

维克瑞拍卖，又称"第二价格密封式拍卖"，出价最高者竞拍成功，但是只用支付第二高的报价，而不是他自己的报价。

为什么会有这么奇怪的拍卖？因为密封式拍卖会让竞拍者保守地写出略低于自己心理价位的最高价。但如果出价最高者赢得拍卖，却只需要支付第二高价，就会激发竞拍者写出高于自己心理价位的价格。最后真正的成交价会远高于预期。

谷歌、百度、阿里巴巴的竞价排名广告，用的都是维克瑞拍卖。

(画重点)

拍卖博弈

拍卖博弈的核心逻辑，就是在不完全信息博弈中，尽量激发博弈者们"自相残杀"，获得最高收益。常用的拍卖策略包括英国式拍卖、荷兰式拍卖、密封式拍卖、维克瑞拍卖等。

8. 博弈游戏，有时也是吃人的陷阱
——博弈游戏

> 著名博弈游戏"拍卖美元"的机制设计，是让第一名赢家通吃，第二名颗粒无收，这样必然导致前两名非理性竞价，最后玩家双输，庄家获益。

先看两个有趣的博弈论游戏。

第一个游戏叫作"拍卖美元"。

一个人手上有一张1美元纸币，不是纪念币，不是错版币，就是一张普通的1美元。从零底价开始，以5美分为增幅，拍卖这张1美元，出价最高者得。但是请记住：出价次高者，也需要支付他的报价。

有人可能会想，零底价拍1美元，怎么都不会亏。他出5美分，我出10美分、20美分、30美分、40美分、50美分！

这时，有些人冷静下来，意识到，如果超过50美分还有人出价的话，比如出价最高者55美分，次高者50美分，加在一起就已经超过1美元的价值了。50美分是分界线，过了这条线，庄家稳赚不赔。

那要不要终止出价呢？出55美分的人当然同意，但出50美分的人可能不会答应。因为如果不继续出价，这50美分就会白白损失。他继续出价60美分，并希望出55美分的竞价者放弃，这样他还能净得45美分。出55美分的人当然也不会放弃，继续出价，两人一直出价到了95美分和1美元。

这时，两位竞价者意识到，如果出价95美分的人继续出价到1.05美元，或者更高，不管怎么样都亏了。但是，他出不出价呢？如果不出价，亏95美分，如果出价1.05美元，而对方放弃，则只亏5美分。他一咬牙，在一个必输的游戏中继续出价。游戏越来越惊心动魄，直到一个人彻底崩溃。

为什么会这样？"拍卖美元"是一个著名的博弈陷阱。它的机制设计，是让第一名赢家通吃，第二名颗粒无收，这必然导致前两名非理性竞价，最后玩家双输，庄家获益。

怎么跳出庄家的博弈陷阱？

第一，不要参与。一旦参与，就有被套牢的可能性。

第二，在出价不到50美分时，玩家结成同盟，用5美分拍下1

美元，然后分享95美分的收益。

第三，如果同盟很难结成，第一个人直接出价1美元，不赚不赔，让其他玩家失去出价的意义。

第四，进入两家纠缠时，比如0.95美元和1美元，直接报价2美元，用损失1美元的代价终止游戏，避免纠缠升级到失控。

现实生活中有没有这种现象？

当然有。比如互联网团购网站的"千团大战"。千团大战变为两家互搏后，必须不停烧钱出价，直到把另一家逼出市场，最后赢家通吃。它们不断对外公布已获得巨额投资，就相当于"拍卖美元"的游戏中从0.95美元直接报到2美元，希望吓退对手。但谁也不让步。最后两家出价都要突破临界点时，坐下来谈判，停止出价，合并分享市场。

第二个游戏叫作"三分之二"。

一个人找一群朋友，请每个人写1个0到100之间的整数交给他。谁写的数字最接近所有这些数的平均数的三分之二，就算赢。

这个数是多少呢？0~100的平均数是50，其三分之二大约是33，那就写33吧。但是，只要不是太笨的人，应该都能想到这一层，都会写33吧？那是不是应该写33的三分之二，也就是22呢？不过，其他人估计也会想到这两层。要不然还是写22的三分之二，也就是15吧？

这个实验的结果取决于参与者脑回路的圈数。脑回路圈数越多的群体，最后获胜的数字越低。1987年，美国《金融时报》在读者群体中做了这个实验，最后的平均数是18.9，写13的人拔得头筹。在耶鲁大学做的实验中，写10的人赢了。

现实生活中有没有这种现象？

当然有。某家电商故意在招聘网站上发布广告，招聘无人驾驶专家。媒体看到后，大肆宣扬说这家电商要转型了。但这家电商的对手很懂它，知道它发布的是假消息，目的在于转移对手注意力。这家电商知道对手懂自己，所以发布的其实是真消息。而这家电商的对手知道对方了解自己，于是假装把这当成假消息，其实严阵以待。到底要发布真消息还是假消息，取决于对竞争对手脑回路圈数的判断。

（　画重点　）

博弈游戏

怎么跳出庄家的博弈陷阱？第一，不要参与。一旦参与，就有被套牢的可能性。第二，在出价不到50美分时，玩家结成同盟，用5美分拍下1美元，然后分享95美分的收益。第三，如果同盟很难结成，第一个人直接出价1美元，不赚不赔，让其他玩家失去出价的意义。第四，进入两家纠缠时，比如0.95美元和1美元，直接报价2美元，用损失1美元的代价终止游戏，避免纠缠升级到失控。

9. 吃着碗里的，看着锅里的，想着田里的
——零和博弈

> 一方赢1元，对方就会输1元的零和博弈，会导致你死我活的竞争。通过往博弈中加入增量，或确定存量分配规则、不容博弈，能有效解决问题。

一个人和妻子商量，为了健康，两人要坚持每天跑步。他甚至参考"对赌基金"，设计了一个规则：每天谁偷懒了，就要输给对方100元。但是执行了几个月后，这个人发现妻子的动力明显不足。

为什么会这样？是因为激励金额不够大吗，改为1 000元呢？是因为激励方式不对吗，改为输的人请对方吃饭呢？

都不是。这是因为，这个人的钱和他妻子的钱，其实都是

同一个钱包里的钱。妻子有一天突然恍然大悟："钱包里的钱本来全都是我的嘛！"她的动力就消失了。这场比赛，其实是一场"零和博弈"。

零和博弈是博弈论中的一大类，也是饱受争议的一类，因为它涉及价值观问题。有人把零和博弈称为"西方最邪恶的两个理论"之一（另一个理论是"社会进化论"）。因为零和博弈背后的基本逻辑，似乎是"你死我活"。

有一些零和博弈很明显。比如剪刀石头布，一方赢，必然建立在另一方输的基础上。再比如赌博，一方赢一元，必然另一方就会输一元。而且因为赌场有抽成，赢的钱和输的钱加一起甚至会是负数。这叫"负和博弈"。

还有一些零和博弈就没那么明显了。比如，两个人打高尔夫球，各出1 000元赌输赢。这是零和博弈吗？是的，因为一个人赢1 000元，必然建立在对方输1 000元的基础上。

但是，如果有人赞助了比赛呢？赢的1 000元，不用输的一方出，而是由赞助商出，这还是零和博弈吗？这就不是了。因为不管谁赢，收益加在一起都是1 000元，大于零。这就变成了"正和博弈"。也就是说，赢的钱不是从对方的碗里拿的，而是从锅里拿的。

然而，如果把两个下赌注的人和赞助商三者都当成博弈方的话，这1 000元其实只是从一个人的口袋到了另一个人的口袋，有人赢钱就有人出钱，并没有增量。从"锅"的角度看，这还是零和博弈。

不过别急，赞助商不会白出钱。它把这场比赛的电视转播权以5 000元的价格卖给了一家本地电视台。这下，两个下赌注的人和赞助商的总体收益就从0元变成了5 000元。这5 000元中，一个人因为赢球拿了1 000元，赞助商拿了4 000元：三方又变成了正和博弈。

然而，如果把下赌注的两个人、赞助商和本地电视台四方都当成博弈方的话，又变成了零和博弈。从"田"的角度看，所有"锅"里的饭，都是零和博弈。

不过别急，电视台会通过收广告费的方式拉入广告主，广告主会通过投放广告的方式拉入消费者，消费者又拉入雇主……如此往复，不断扩大。零和博弈与正和博弈的交叠扩大，夸张一点儿说，最终甚至可以推演到整个宇宙。

零和博弈存在吗？存在，但是它只存在于封闭系统内部。

要怎么避免零和博弈呢？

第一，打开封闭系统。吃着碗里的，看着锅里的，想着田里的，寻求增量。有了外来的太阳能，地球上所有的生物才不是零和博弈。

第二，确定存量分配规则，不容博弈。

比如，交通资源是有限存量，如果汽车在马路上随便开，再宽的马路都会水泄不通。怎么办？制定存量交通资源的分配规则，如"所有车辆必须靠右行驶"，杜绝零和博弈，甚至负和博弈。

比如，逃生资源是有限存量，大家都争抢就会产生拥堵，最后一个都逃不掉。怎么办？宣传社会规范，如孩子、妇女、老人先走。为什么？必须有个顺序，杜绝零和博弈或者负和博弈，这样才能使更多人获救。

比如，公司创业，已经获得的利润是有限存量。如果赚到了钱之后再讨论怎么分，就会你争我夺，唯恐自己吃亏，没人有心思关心客户。怎么办？先分钱，再赚钱。分钱逻辑确定后，不容博弈，大家才会去想怎么创造增量。

(画重点)

零和博弈

一方赢1元，对方就会输1元，输赢之和为零的博弈，叫零和博弈。零和博弈会导致你死我活的内部竞争。但是，往博弈中加入增量，零和博弈就会变成正和博弈。打开封闭系统，吃着碗里的，看着锅里的，想着田里的，确定存量分配规则，不容博弈，是解决零和博弈的最佳策略。

10. 用惩罚回报恶行，
用善行回报善行
——一报还一报

在没有被欺骗之前永远不要主动欺骗他人。如果对手选择背叛，立刻反击；如果对手补偿，不计前嫌继续合作。这样的清晰规则会激发对手的合作动机。

什么叫"一报还一报"？

"囚徒困境"中，虽然"合作"对双方都是最有利的，但囚徒往往会因为自私和对对方不信任，选择彼此背叛，两败俱伤。这种坏的纳什均衡令人沮丧：难道人的天性就不适合合作？为此，美国密歇根大学教授、《合作的进化》一书的作者罗伯特·阿克塞尔罗德决定做个实验。

罗伯特写信给不同背景的学者们，请他们把自己应对"囚徒困境"的博弈策略写成电脑程序。罗伯特收到了14个程序，然后他让这些程序捉对厮杀，最后按总得分排名。

著名的"一报还一报"终于出场了。这个策略由加拿大心理学家拉波特教授提出，其基本逻辑是：第一回合采取合作策略，然后每一回合都采取上一回合对手的策略。这也就是所谓的：人不犯我，我不犯人；人若犯我，我必犯人。

听起来很简单。但就是这么简单的"一报还一报"，居然在后来十几万次重复博弈的"囚徒困境"中获得了冠军。

为了验证"一报还一报"的威力，罗伯特很快又组织了第二场比赛。这次他收到了62个程序，其中有不少程序专门针对"一报还一报"做了改进，包括多次合作后突然背叛的"狡猾策略"、总是选择合作的"老好人策略"等。但最后依然是原生的"一报还一报"获胜。罗伯特继续公开征集能打败"一报还一报"的程序，但20多年过去了，"一报还一报"至今无敌。

这个实验给了很多人启发，也让大家重新相信：一报还一报，好人终有好报。

中国有句成语叫"以德报怨"。这句成语其实出自《论语》——或曰："以德报怨，何如？"子曰："何以报德？以直报怨，以德报德。"翻译成白话就是，有人说："用善行回报恶行，怎么样？"孔子说："那用什么回报善行？用适当的惩罚回报恶行，用善行回报善行。"

孔子所说的"以直报怨，以德报德"，就是美国罗伯特教授说的"一报还一报"。

那么，在现实生活中，应该怎么运用"一报还一报"的博弈策略呢？

第一，本性善良。

最初总以善意待人。在没有被欺骗之前，永远不要主动欺骗他人。比如，和商业伙伴签署合作协议，要严格兑现承诺。

第二，以直报怨。

如果对手选择背叛，必须立刻反击。比如，遭到商业伙伴欺骗，对方提供劣质产品、延期交付等，要毫不犹豫地报复、惩罚，扣除违约金。

第三，以德报德。

惩罚过后，继续善意待人。商业伙伴更换了劣质产品，赔礼道歉，并做出真诚的补偿后，要不计前嫌，继续合作。

第四，规则清晰。

本性善良，以直报怨，以德报德，这三步一定要毫不犹豫地坚决执行。这样的博弈策略会非常清晰，很容易被对手识别，激发对手的合作动机。

一报还一报

一报还一报是解决"囚徒困境"的最佳策略，或许也是"与这个世界重复博弈"的最佳策略。应用"一报还一报"策略，需要记住四点：本性善良、以直报怨、以德报德、规则清晰。

第三章 —— 决策工具

如何用决策树来选择相亲对象

70年前的高科技：人脑云计算

把决策的艺术变成一门技术

如何选择人生中最大的那支麦穗

决策，就是与这个世界的博弈

1. 如何用决策树来

选择相亲对象

——决策树

> 做重要的战略决策时，可以借助决策树
> 和概率树等商业工具，预测未来的结果
> 收益，寻找最优方案。

　　一个妈妈一直很为女儿的终身大事担心。给女儿介绍对象时，女儿随口一问："多大了？"妈妈说："26岁。"女儿问："长得帅不帅？"妈妈说："挺帅的。"女儿问："收入高不高？"妈妈说："不算很高，中等收入。"女儿问："是《刘润·5分钟商学院》的学员吗？"妈妈说："是，还经常留言呢。"女儿说："那我去见见。"

　　女儿这连珠炮似的问题，就体现了决策树的基本逻辑。

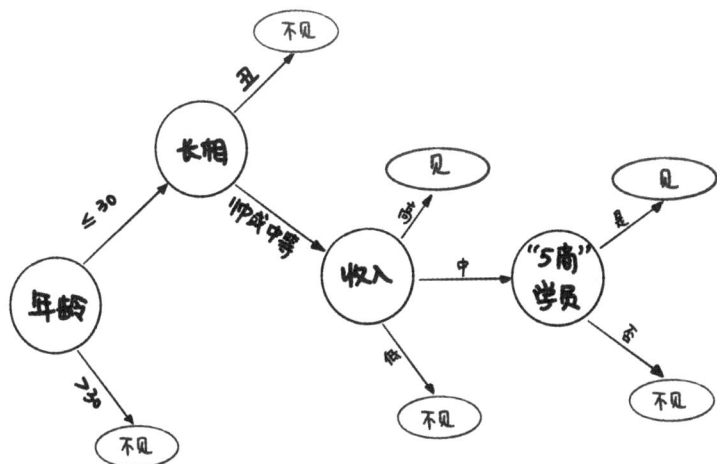

当女儿问"多大了"的时候，其实就启动了"相亲决策树"的第一个决策节点。这个决策节点有两条分支：第一，大于30岁？哦，是大叔，那就不见了。第二，30岁以下？嗯，年龄可以。然后才接着问"长得帅不帅"，这又是一个决策节点，不帅，甚至到了丑的级别，那就别见了。如果至少中等，那就走到第三个决策节点"收入高不高"。穷？那也不能忍。最后是第四个决策节点"是《刘润·5分钟商学院》的学员吗？"，是？太好了，小伙子很上进，那就见吧。

通过四个决策节点"年龄、长相、收入、上进"，排除了"老、丑、穷，还不上进的人"，选出"30岁以下，收入中等，但是很上进的帅小伙"。这套像树一样层层分支、不断递进的决策工具，就是"决策树"。

西蒙说：管理就是决策。决策树就是一种把决策节点画成树的辅助决策工具，一种寻找最优方案的画图法。

但是，这个"相亲决策树"有一个不太现实的地方，就是妈妈居然能回答女儿的每一个问题。这让女儿的决策变得非常简单直接。而现实情况通常是，赖以决策的依据是没有确定答案的。比如，女儿如果问妈妈："他的脾气好吗？"妈妈估计会说："这个说不好，我只见过一面，感觉脾气还不错。"女儿再问："他未来会有钱吗？"妈妈估计会说："这谁知道？他这么努力，估计至少有三成概率未来应该会有钱吧。"

80%可能脾气不错，30%可能将来会有钱，女儿还去不去相亲？这就很难决定了。这时可以往决策树中引入"概率"。这种被概率化了的决策树，又叫"概率树"。

增加了不确定性后，怎么用决策树或者概率树来决策呢？

假设满意的最高分是10分，不满意的最高分是-10分，现在要做一件事情：给"脾气"和"有钱"这两个不确定的条件所产生的四个组合，诚实地打个分。

如果他真的脾气好，未来也会很有钱，女儿有多满意？如果真是这样，那是100%满意啊！打10分。

如果他的脾气很好，但是很可惜，因为运气、能力等问题，最后还是一生穷困，女儿有多满意？虽然没钱，但好歹脾气好，这就是命吧。满意度是3分。

如果很不幸，他的脾气很差，而且还没钱呢？这简直就是渣男，–10分！

如果脾气差，但将来很有钱呢？这是一个好问题。要不要为了钱忍一忍呢？忍一辈子太难了，还是打–5分吧。

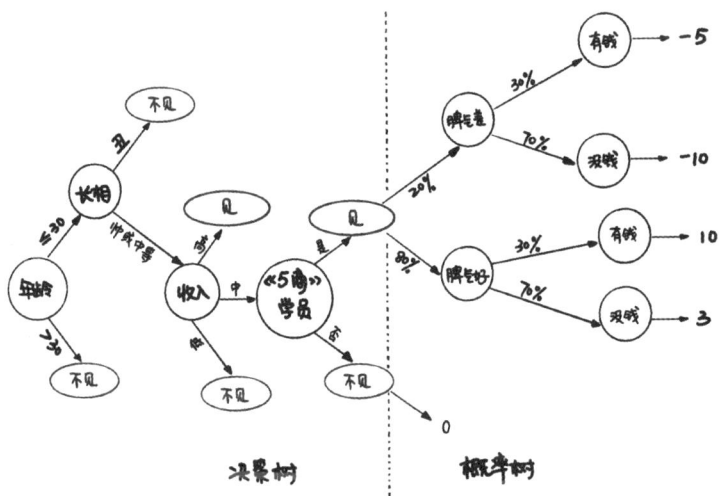

在80%好脾气和30%有钱的不确定条件下，见还是不见呢？如果决定不见，没有得失，女儿的收益是0。但是如果见，那就有四种可能性：

第一种，脾气又好又有钱。概率是：

80%×30%=24%

收益是：

24%×10分 = 2.4（分）

第二种，脾气好，但是没钱。概率是：

80%×70%=56%

收益是：

56%×3分=1.68（分）

第三种，脾气差，没钱。概率是：

20%×70%=14%

收益是：

14%×（−10分）= −1.4（分）

第四种，脾气差，但有钱。概率是：

20%×30%=6%

对这种情况，女儿打了−5分。也就是这条概率分支，女儿的收益是：

6%×（−5分）=−0.3（分）

所以，如果选择见，女儿的总收益是：

2.4分+1.68分+（−1.4分）+（−0.3分）=2.38（分）

决定见的总体收益是2.38分，不见的收益是0。女儿应该怎么选择？赶紧化个妆，出门相亲吧。

决策树

决策树是一种把决策节点画成树的辅助决策工具，一种寻找最优方案的画图法。概率树在决策树的基础上，增加了对条件发生概率的预测和对结果收益的评估，然后加权平均得到一个期望值，用这个期望值作为依据，辅助决策。

2. 70年前的高科技：

人脑云计算

——德尔菲法

德尔菲法可以准确预测项目概率。先请专家独立给出判断，归纳整理后参考别人的意见重新预测，最后分析结果，把专家的独立观点不断收敛。

　　一家出版社签下了一本著名外版图书的中国版权。可是，版权方对出版社有承诺销量的要求：出版社承诺销售10万册，版权方要求版税率为15%；承诺销售20万册，版税率为12%；承诺销售40万册，版税率为10%。

　　出版社对这本书的销售水平要有一个预测：预测10万册，卖了40万册，因为版税率高，出版社的收益就少了；预测40万册，卖了10万册，因为多付了30万册的版税，出版社的收益还是少了。所以，准确预测销售水平，对出版社来说非常重要。

怎么预测呢？用大数据吗？可是出版社没有大数据。除了大数据、云计算、人工智能这些高大上的方法之外，有没有"土炼钢铁"的方法可以拿来就用呢？

出版社可以尝试一种很土但是很有效的方法：德尔菲法。

德尔菲法是一种预测方法，20世纪40年代由O.赫尔姆和N.达尔克首创，由T.J.戈尔登和兰德公司进一步发展。古希腊有一座名城叫德尔菲，相传城中的阿波罗圣殿能预测未来。德尔菲法因此得名。简单来说，德尔菲法就是"把专家的独立观点不断收敛"的预测法。

回到最初的案例，用德尔菲法来预测这本书的销量。

第一，邀请专家。

从各个领域邀请20位真正权威的专家，比如，经验丰富的出版人，新华书店、机场书店等线下渠道负责人，当当、亚马逊、京东等电商渠道负责人，文化产业资深人士，读书俱乐部负责人，书评家，读者，等等。

同时，准备一些基础资料，比如同品类的书、同风格的书在过去几年的全渠道销量数据、作者的背景、图书内容等，作为专家们预测的依据。

第二，独立预测。

不要把20位专家召集在一起开会讨论。一些专家的意见可能会影响另一些专家的判断。

请每位专家独立认真地根据提供的数据和自己的经验，提供三个数字：最低销售量、最高销售量和最可能销售量，并给出理由。比如，最少卖25万册；这个题材，这个作者，说不定能卖70万册；最有可能卖40万册。

第三，统计回归。

把20位专家的意见收集起来，归纳整理后，匿名反馈给各位专家，然后请专家们参考别人的意见，对自己的预测重新考虑。

接着，再把20位专家的意见收集起来，归纳整理后，再匿名反馈给各位专家，请专家做第三次预测、第四次预测。第四次预测时，大部分专家已经不再修改自己的意见，彼此的预测也越来越接近（专业术语叫"收敛"）。

第四，分析结果。

经过计算，20位专家最终预测出结果：最低销量平均是26万册，最高销量平均是60万册，最可能销量平均是46万册。

然后，用"主观概率加权平均法"，赋予最低销量25%的概率，最高销量25%的概率，最可能销量50%的概率。专家们预测最终的销量是：

26万册×25%+60万册×25%+46万册×50%=44.5（万册）

也就是说，德尔菲法预测的结果是：这本书能卖44.5万册。出版社可以大胆地和对方签署承销40万册、版税率10%的合同了。

千万不要小看德尔菲法。20世纪中期，美国政府发动朝鲜战争时，兰德公司用德尔菲法预测：这场战争必败。政府完全没有采纳，结果一败涂地。从此以后，德尔菲法得到了广泛认可。

在概率树中，对条件发生的概率用德尔菲法做预测时，需要注意什么呢？

1. 必须避免专家们面对面的集体讨论，而要由专家分别独立提出意见；

2. 专家不一定是咨询公司，也可以是第一线的管理人员，甚至是客户。

画重点

德尔菲法

德尔菲法是一种"把专家的独立观点不断收敛"的预测法。利用德尔菲法的四步骤，邀请专家、独立预测、统计回归、分析结果，可以充分利用专家的专业判断，在一些很难定量分析预测的问题上，实现"人脑云计算"，获得相对准确的预测。使用德尔菲法需要注意：专家可以多样化，比如一线管理人员，甚至是客户，但他们必须独立给出预测。

3. 把决策的艺术变成
一门技术
——KT法

> KT法几乎是全世界最著名的决策工具，可以系统化、流程化地分析问题，做出决策，有效避免各种误导和偏见。

一家IT（互联网技术）公司的主营业务是帮用户把原有的IT系统迁移到云计算上。除了上海总部，在杭州、南京、无锡还有三个实施团队。为了提高地方团队的主人翁意识，公司老板请律师一起，精心设计了一个和地方团队"利益共享，风险共担"的合伙人制度，并满心期待这三个团队会团结一心，把公司当成自己家，像打了鸡血一样拼命工作。

但是万万没想到，杭州、南京团队不肯在合伙人制度上签字。

老板很恼火，想强逼大家签字。结果，杭州负责人提出辞职。为什么会这样？著名的决策模型KT法，或许可以解决这个问题。

兰德公司的凯普纳和特雷高受美国宇航局委托，对1 500位善于分析问题、做出决策的人进行调查，把他们"高明做法"中的逻辑抽取出来，变成流程化的方法。这套方法后来就以凯普纳和特雷高名字的首字母K和T命名，即KT法。

回到最初的案例，用KT法来解决问题。

第一，状况分析。

什么是问题？问题就是应该的结果和实际的结果之间的差异。

应该的结果：团队积极性受到巨大激励。

实际的结果：两个团队拒签合伙人制度。

这个差异，就是目前的状况。

第二，问题分析。

首先，可以用3W1E法（what，对象；when，何时；where，何地；extent，程度），对问题做"是/而不是"的精准描述。

对象：是杭州、南京的团队负责人，而不是无锡的团队负责人；

何时：是公布合伙人计划之后，而不是公布合伙人计划之前；

何地：是杭州、南京，而不是无锡；

程度：是三分之二的地方拒签，而不是另外的三分之一。

然后，假设到底是什么原因：

1. 杭州、南京团队负责人都是坏人；

2. 公司没有狼性文化；

3. 合伙人制度有问题。

现在，用这三点假设原因，对照3W1E的描述，分析哪个是最可能的原因。

因为"杭州、南京团队负责人都是坏人"吗？这和"何时"条件不符。为什么在公布合伙人计划之前没问题，公布计划后他们突然变坏了？

因为"公司没有狼性文化"吗？这和"何地"条件不符，为什么杭州、南京有问题，无锡没问题？

因为"合伙人制度有问题"吗？老板请教一位咨询专家。咨询专家仔细看了一遍合伙人制度，大吃一惊。

1. 公司从项目总金额中提留15%收入，这其实已经把公司置于安全之地，根本没打算和员工"合伙"。

2. 提留15%收入后，无锡尚有利润，而杭州、南京的项目完全无利润可言。杭州、南京的团队去年有项目奖金，但在新的合伙人制度下，会颗粒无收。

3. 销售人员不在合伙人制度范围内。为了完成任务，他们可能会签一些垃圾项目，把项目变成"绞肉机"。

第三，决策分析。

怎么调整？用"目标分类法"，设定调整"必须目标"（must）：同样努力的前提下，员工收入不能减少；"希望目标"（want）：在公司利润不减的前提下，如能做大蛋糕，员工最多可得三倍奖金。

在此基础上，评估三个方案：

1. 取消合伙人制度，继续沿用基于KPI（关键绩效指标）的奖金制；

2. 在合伙人制度下，取消公司15%的预留，与员工同风险，共利润；

3. 设计鸡尾酒式合伙人制度，即常规利润用奖金制，超额利润用分成制。

第一个方案，实现了必须目标，但是实现不了希望目标。第二个方案，有机会实现希望目标，但必须目标反而有风险。第三个方案，实现必须目标，员工收入不减；拼命的话，有可能实现希望目标，数钱数到手抽筋。

第四，潜在问题分析。

第三个方案没有解决"销售人员签垃圾项目"的问题，这是个潜在问题。怎么办？做个调整，销售人员一半奖金的基数是销售额，另一半基数是最终利润。

经过四步，老板重新设计了合伙人制度，并亲自去杭州、南京与负责人真诚沟通，终于说服了他们，共同做大事业。

（画重点）

KT法

KT法有四个主要步骤：状况分析、问题分析、决策分析和潜在问题分析。具体到每个步骤中，还有很多细节方法，比如3W1E法、"是/而不是"法、目标分类法等。KT法是一套系统化、流程化的用于分析问题、做出决策的方法。

4. 如何选择人生中
最大的那支麦穗
——麦穗理论

最优决策只在理论上存在，要追求"满意决策"，用37%的时间找到最基本的满意标准，用剩下的时间选择第一个好于这个标准的。

2 500年前，三个学生问西方哲学奠基者苏格拉底一个问题："怎样才能找到理想的人生伴侣？"

苏格拉底带着学生来到一片麦田前，说："请你们走进麦田，一直往前不要回头，途中摘一支最大的麦穗，只能摘一支。"

第一个学生走进麦田。他很快就看见一支又大又漂亮的麦穗，于是很高兴地摘下了这支麦穗。可是，他继续往前走，发现有很多麦穗比他摘的那支要大得多。他很后悔下手早了，只好遗憾地走完了全程。

第二个学生吸取了教训。每当他要摘时，总是提醒自己，后面还有更好的。不知不觉就走到了终点，却一支麦穗都没摘。他也很后悔，没有把握住机会，总觉得后面会有更好的选择，最后错过了全世界。

第三个学生吸取了前两者的教训。他把麦田分为三段，走过第一段麦田时，只观察不下手，在心中把麦穗分为大、中、小三类；走过第二段时，还是只观察不下手，验证第一段的判断是否正确；走到第三段，也就是最后三分之一时，他摘下了遇到的第一支属于大类中的麦穗。这可能不是最大的一支，但他心满意足地走完了全程。

这就是著名的"麦穗理论"。

获得过心理学杰出贡献奖、图灵奖和诺贝尔经济学奖的著名管理大师赫伯特·西蒙提出了与"麦穗理论"异曲同工的"满意决策论"。他认为：一切决策都是折中，只是当下可选的最佳行动方案。为了满意，而不是最优，决策应该遵循以下原则：

第一，定下最基本的满意标准；

第二，考察现有的可选方案；

第三，如果有可选方案满足最基本的满意标准，就不再寻找更优方案。

怎么确定"最基本的满意标准"呢？

苏格拉底的第三个学生，其实就提供了一个确定"最基本的满意标准"的方法：

第一个三分之一，观察，并把大类麦穗作为"最基本的满意标准"；

第二个三分之一，验证这个标准；

第三个三分之一，采用西蒙的"满意决策论"，摘下大类麦穗中的第一支，不再寻找更优方案。

关于如何确定"最基本的满意标准"，《指导生活的算法》的作者布莱恩·克里斯汀和汤姆·格里菲斯提供了另一个方法：把时间分两段，第一段用37%的时间来确定"最基本的满意标准"，第二段用63%的时间来选择满足"最基本的满意标准"的第一个方案。

比如，一个女孩打算在19~40岁之间，也就是用21年时间寻找理想的人生伴侣。如果她相信"37%理论"，就可以用这21年的37%，也就是7.77年来交往不同的男士。到26.77（19+7.77）岁时，确定"最基本的满意标准"。然后，嫁给从那一天开始她遇到的第一个好于这个标准的男士，并不再寻找更优方案。

再比如，一个人想在1个月之内买房子，那他可以先用37%的时间，也就是11天看房，确定"最基本的满意标准"，然后从第12天开始，遇见第一个好于这个标准的房子，就毫不犹豫地下手。

（画重点）

麦穗理论

麦穗理论，就是用三分之一的时间观察，用三分之一的时间验证这个观察，得出"最基本的满意标准"，然后在最后一个三分之一的时间里，用"满意决策论"，选择第一个好于这个标准的，并不再寻找更优方案。无论是选择爱情、事业、婚姻还是朋友，最优决策只可能在理论上存在。不要追求最优决策，而要追求满意决策。

5. 决策，就是与这个世界的博弈

——基于数据的决策

> 决策是与这个世界的博弈。如果能知道这个世界的底牌，也就能得到更多数据，分析数据传达的信息，决策的精准度就会大大提升。

"德尔菲法""麦穗理论"讲的都是信息匮乏时的决策。比如，不知道麦田里最大的麦穗在哪儿，只好把麦田分为三段，前三分之一观察，中三分之一验证，后三分之一选择。但如果知道最大的麦穗在哪儿，决策方法可能会完全不一样。

决策，就是与这个世界的博弈。如果知道这个世界的底牌，就更有可能赢得比赛。这个世界的底牌，就是信息。更准确地说，是信息的载体——数据。

比如，一个人准备在避暑胜地丽江开发旅游项目。他面临一个重要决策：客源是定位于本地，还是外市、外省？

本地和外省顾客需求大不相同，比如要不要住宿、要不要民俗表演。一旦大举投资，而主流顾客不喜欢，所有投入都会打水漂。

怎么办？来看看这个世界的底牌。

这个人请专业咨询公司做了一个调查。调查数据表明，丽江的客源54%来自广东。为什么是广东呢？不管为什么，这就是这个世界的底牌。这个人决定针对广东人的喜好设计丽江的避暑产品。

这就是"基于数据的决策"。基于数据决策，要掌握或者至少了解三种方法。

第一，对显性数据的统计。

比如，《刘润·5分钟商学院》的用户主要在哪些城市？这会决定线下大课在哪儿举办。用户集中在几点收听课程？这会决定发布音频、回复留言的关键时间。

关于自身运营显性数据，可以建立IT系统；关于行业趋势显性数据，可以购买统计报告。

第二，对隐性数据的调查。

对于一些隐性数据，比如，用户希望交通工具有什么创新？这是用户内心的偏好。要掌握它们，可以用调查的方法。

调查，不是找100个人问：你希望马车怎么改进？如果这么问，对方会说：我需要一匹更快的马。他们是想不出汽车的。

用户不知道自己可以要什么，这是调查的难度所在。怎么办？可以试试"焦点小组"。

微软在产品发布前，常会邀请典型用户，比如办公室文员、家庭妇女，到装有单向玻璃的观察室，请他们独立完成一项任务，比如网上购物，并用摄像头记录他们的所有行为。工程师站在玻璃的另一边观察他们的真实反应，然后研究所有细节，有针对性地调整产品。

这就是焦点小组。焦点在于对方怎么做，而不是怎么说。

第三，对所有数据的分析。

过去与这个世界博弈，看不到对方的底牌。到了互联网时代，这个世界突然把底牌一摊，毫无保留。但摊开10万张牌，可能只有14张有用。我们与这个世界的博弈，从信息匮乏时代，走向了信息泛滥时代。

要从信息匮乏时代的"增加数据"，变为信息泛滥时代的"减少数据"，就要利用大数据帮助决策。

"互联网金融"这一节讲到，为什么有的人几乎不开车，却要和天天开车的人交一样的保险费用？这是因为没有个体数据，所以开车少的人必须为开车多的人承担保费。但现在有些车企在汽车出厂时安装了数据设备，监测车辆开了多少公里、会不会打着左转向灯却向右转、会不会踩着刹车转弯等，然后为每个人的保险单独定价。这就是利用精准到个体的大数据，帮助决策。

庞大的数据能不能共享呢？可以试着和拥有数据的机构合作。酒店为什么要收押金？因为不知道谁诚信谁不诚信，担心顾客住完不给钱就走。阿里巴巴用它的大数据做了"芝麻信用"，把数据变成信用产品。芝麻信用在750分以上的顾客，入住酒店就不用交押金了。这样，酒店的顾客入住体验也会大大提升。

（画重点）

基于数据的决策

决策就是与这个世界的博弈。如果知道这个世界的底牌，也就是数据，决策质量将大大提高。在信息匮乏时代，可以用统计的方式获得显性数据，用调查的方式获得隐性数据；在信息泛滥时代，可以用分析的方式，从大数据中获得决策支持。

第四章 管理工具

KPI是秒表，OKR是指南针

有OKR这把刀，更要有SMART这套刀法

交代的事办完了，就不能回个话吗

把所有经验教训都变成组织能力

MBTI是算命、娱乐，还是性格测试

1. KPI是秒表，OKR 是指南针

——OKR

> 如果说KPI是秒表，OKR就是指南针。它会让一个无法用数字考核的团队通过层层分解的目标、关键任务，向同一个方向前行。

OKR，是"objective and key results"（目标与关键成果法）的缩写。简单来说，就是整个公司、团队和个人，都要设立目标（objective）和衡量这些目标完成与否的关键结果（key results）。

举个例子，某橄榄球队的总经理应该如何设定OKR呢？可以把目标设为：为球队老板赚钱。那关键结果呢？可以设为：第一，赢得超级碗冠军；第二，比赛上座率达到88%。

主教练和公关总监又该如何设定OKR呢？

主教练的目标，可以是总经理的第一个关键结果：赢得超级碗冠军。而他的关键结果则是：每场传球码数超过200码；防守技术提高到第三名；弃踢回攻码数达到25码。

公关总监的目标，可以是总经理的第二个关键结果：比赛上座率达到88%。而他的关键结果则是：雇两个特色球员；加强媒体宣传；突出明星球员。

那么，OKR怎么解决工程师的绩效考核问题呢？OKR不解决绩效考核问题。

谷歌的绩效考核方式是360度环评。简单来说，就是被考核人周围的同事，包括直属经理都会给其打分，最后加权算出一个得分。这个分数，决定了被考核人的晋升、奖金、股票。

这是不是太主观了呢？确实是。其实谷歌、微软，以及发明OKR的英特尔都是这样。对于"怎么解决工程师的绩效考核问题"，整个科技界都没有好办法。唯一的办法，就是通过多方均衡，让主观打分尽量接近客观。

怎么做？通过多人打分，让直属经理一个人的主观接近多人评价的客观；通过更高级别组织对得分的再平衡，让小团队的主观接近多团队均衡的客观。

360度环评的绩效管理和OKR的目标管理，是前行的两条腿，缺谁都会寸步难行。KPI是秒表，OKR是指南针。指南针最重要的作用，是让一个无法用数字考核的团队，比如谷歌的工程师团队，通过层层分解的目标、关键任务，向同一个方向前行。

具体应该怎么用OKR这根指南针呢？

第一，目标要有野心，关键结果要可衡量。既然不考核，设立目标时，应鼓励大家挑战极限。

第二，最多5个目标，每个目标最多4个关键结果，这样才能聚焦。

第三，目标从公司，到团队，到个人，层层分解。从上到下的OKR，总体上是包含关系。下级也可自定义OKR，但要与大方向一致。

第四，所有OKR公开透明。大家要知道彼此在干什么，确保方向一致。这样也会给目标过低、结果过差的员工施以压力。

(画重点)

OKR

OKR不是绩效考核工具，是目标管理工具。如果说KPI是秒表，那OKR就是指南针。OKR最重要的作用，是让一个无法用数字考核的团队，通过层层分解的目标、关键任务，向同一个方向前行。实施OKR有四个关键：第一，目标要有野心，关键结果要可衡量；第二，最多5个目标，每个目标最多4个关键结果；第三，目标从公司，到团队，到个人，层层分解；第四，所有OKR公开透明。

2. 有OKR这把刀，更要有SMART这套刀法

——SMART原则

> SMART原则的最大作用，是把所有人的目标真正统一起来，让它能够具体、可衡量、可实现、有时间控制，避免无谓的内部资源消耗。

某公司老板决定在销售部门沿用基于销售业绩的绩效考核，但在研发部门全面推行"OKR的目标管理之刀+360度环评的绩效考核之剑"，刀剑合璧。

很快，老板收到研发总监的OKR：

O（目标）：打造业内最好的产品。

KR1（关键结果1）：持续提高产品质量。

KR2（关键结果2）：不断创新，增加新功能。

KR3（关键结果3）：听取最终用户意见，提升满意度。

季度考核时，老板对研发部门的OKR结果不满意，满分1分，老板只打了0.3分，但研发总监给自己打了0.9分。

老板非常惊讶。进一步调查，发现员工的自评和他评的分歧非常大。为什么会这样？因为OKR是一个花架子？或者这么高级的东西，不适合这个公司？

都不是。这是因为老板心中的"目标"和研发总监心中的"目标"，不是同一个目标。OKR是把好刀，但还要学习一套叫作"SMART原则"的刀法，真正统一目标，才能驾驭OKR。

SMART原则，源自美国马里兰大学管理学及心理学教授洛克。SMART的5个字母，代表Specific（具体的）、Measurable（可衡量的）、Attainable（可实现的）、Relevant（相关的）和Time - based（有时间限制的）。SMART原则最大的作用，是把"一千个人心中的一千个哈姆雷特"变成同一个。

下面就来拆解一下SMART原则刀法的五个招式。

第一招：Specific（具体的）。

具体的，就是一刀砍掉模棱两可。

比如"KR1：持续提高产品质量"，什么叫"产品质量"？没有具体的界定，就无法评判、衡量与执行。可以把它修改为：消灭致命的产品缺陷的数量；降低严重的产品缺陷的数量；提高应用商店中APP的评分。

这样就非常具体了。

第二招：Measurable（可衡量的）。

可衡量的，就是一刀砍掉标准争议。降低多少严重的产品缺陷的数量，算是降低？评分提高多少，算是提高？

进一步修改KR1为：致命的产品缺陷的数量保持为零；严重的产品缺陷的数量减少50%；应用商店中APP的评分从4.1分提升到5分。

这样就避免了老板和研发总监对评分的分歧。

第三招：Attainable（可实现的）。

可实现的，就是一刀砍掉不切实际。应用商店中APP的评分从4.1分提升到5分，这可能吗？应用商店排名前100的APP，几乎没有达到满分5分的。这是一个不可实现的目标。

因此还要接着修改：致命的产品缺陷的数量保持为零；严重的产品缺陷的数量减少50%；应用商店中APP的评分从4.1分提升到4.5分。

设定一个跳一跳能够得着的目标，团队才会有斗志。

第四招：Relevant（相关的）。

相关的，就是一刀砍掉无关目标。应用商店中APP的评分从4.1分提升到4.5分，真的和产品质量有关吗？分数提升，会不会是新功能导致的呢？或者是因为用户喜欢新界面？应用评分和产品质量有相关性，但还不够强。

可以进一步调整为：致命的产品缺陷的数量保持为零；严重的产品缺陷的数量减少50%；应用商店中APP的差评里，有关产品缺陷的比率减少50%。

这样质量问题就不会被设计问题所掩盖。

第五招：Time - based（有时间限制的）。

有时间限制的，就是一刀砍掉无限拖延。产品缺陷的数量减少50%，很好；差评中有关产品缺陷的比率减少50%，也很好。但是，多长时间实现呢？1年之后实现，还有意义吗？如果没有时间限制，这个目标设置就没有意义。

接着修改这条：致命的产品缺陷的数量保持为零；严重的产品缺陷的数量在3个月内减少50%；应用商店中APP的差评，关于产品缺陷的比率，在3个月内减少50%。

至此，我们终于手持OKR这把宝刀，挥舞SMART原则这套刀法，把"持续提高产品质量"这个"千面哈姆雷特"变成一个目标一致的关键结果。老板和研发总监也就不会再为对评分的分歧而消耗内部资源了。

画重点

SMART原则

大部分目标管理工具，都只是形状不同的刀。要用好任何一把刀，都必须学会"SMART原则"的五招刀法：用Specific的具体之刀，砍掉模棱两可；用Measurable的可衡量之刀，砍掉标准争议；用Attainable的可实现之刀，砍掉不切实际；用Relevant的相关之刀，砍掉无关目标；用Time‐based的时间限制之刀，砍掉无限拖延。

3. 交代的事办完了，
就不能回个话吗
——PDCA循环

高质量，不是来自基于结果的产品检验，而是来自基于过程的不断改善。可以用PDCA循环流程工具持续改进，保证问题一旦出现，一定会被解决。

　　某家婴儿车公司的CEO接到了一个严重的产品质量问题投诉，句句在理，针针见血。CEO非常重视，紧急召开高管会议，研究对策。讨论几小时后，各部门都有不少改进的提议，CEO也提出很多要求。最后CEO说："不看广告看疗效，大家要立刻行动起来。散会。"

　　CEO对大家的态度都很满意。直到有一天，他问负责产品的副总裁："上次开会时，我让你派人去德国考察一下他们的质量管理体系，你们去了吗？感觉怎么样？"副总裁说："啊？我正在忙质量改进的事，还没空想这件事，真要去考察啊？"

这么重要的事情，副总裁居然没放在心上。为什么会这样？是因为副总裁笨吗？是因为他缺乏执行力吗？

都不是。因为这家公司缺少一种叫作"PDCA循环"的管理文化。

PDCA循环，又称"戴明循环"。PDCA这四个字母，分别代表：Plan（计划）、Do（行动）、Check（检查）、Adjust（纠正）。戴明是美国的质量管理大师，却成名于日本。在他的帮助下，丰田汽车公司获得了巨大的成功。丰田喜一郎说：戴明是我们管理的核心。日本甚至为戴明设立了质量管理领域的全国性最高奖——戴明奖。1980年，美国国家广播电台播出了关于戴明的纪录片《如果日本可以，为什么我们不能？》，戴明终于在美国本土一举成名。

戴明认为，高质量，不是来自基于结果的产品检验，而是来自基于过程的不断改善。后来，这个理念不但被用于质量管理，更被广泛地用于企业管理领域。

回到最初的案例。CEO的问题不是没有计划，不是没有行动，而是没有检查，更没有处理。如果用PDCA循环，应该这么做：

第一，Plan（计划）。

CEO的紧急会议，其实就是一次计划会议。严格来说，一个戴明循环式的计划会议，有四个步骤：

1. 根据现状找出问题；

2. 根据问题找出原因；

3. 确定主要原因；

4. 针对主要原因，提出计划。

大部分人很熟悉这几个步骤。但是，一个PDCA循环式的计划，一定要有"Who do What by When"，也就是"谁在什么时间完成什么事"，责任明确到个人，而不是口头布置，责任模糊。

建议尝试使用一些基于小组的任务管理工具，比如Teambition（团队协作工具）、钉钉、Outlook（微软办公软件）等，把每一条Who do What by When拆解，并发布到个人的任务栏里。

第二，Do（行动）。

行动是最占用时间的部分，也是最重要的部分。有了计划，以及基于计划分解的、分配到每个人任务栏里的、有时间限制的具体任务，执行就变得责任明确、优先级清晰。

第三，Check（检查）。

每一件交代出去的任务，就像一个扔出去的回旋镖，最终必须回到手上。这是PDCA循环的关键。

有的人，你交代一个任务给他，他答应得好好的，但是从此就杳无音信了。你实在忍不住去问进展如何，他说："我早就完成了啊。"

交代的事办完了，就不能回个话吗？"回个话"，就是收回那只回旋镖。

同样，可以借助上文提到的工具，自动提醒任务发出者、接收者双方，确保每件事情都要接受检查。最终只有"完成"和"放弃"这两种可能，不存在"然后……就没有然后了"这种状态。

第四，Adjust（纠正）。

纠正，是为了总结成功经验，制定相应标准，或者把未解决、新出现的问题转入下一个PDCA循环。

总结成功经验，是"纠正"这个环节极其重要的工作。把未解决或新出现的问题转入下一个PDCA循环，也很重要。这将保证问题一旦出现，最终一定会被解决。除非大家决定主动放弃，否则不可能出现提出问题后，这个问题再也没人关心，不了了之的情况。

(画重点)

PDCA循环

戴明认为，质量管理是企业管理的关键，是持续改进；持续改进的关键，是Plan（计划）、Do（行动）、Check（检查）、Adjust（纠正）这四个流程组成的循环。一旦发现问题，就启动一个PDCA的循环，直到问题最终解决。

4. 把所有经验教训都变成组织能力

——复盘

从本质上，人类只能通过"试错法"进行学习。复盘，就是从曾经试过的错中学习，把经验和教训变成组织能力。

某公司为了争取一个大客户，专门成立了项目组，分工协作，死磕半年，经历各种挫折和辛苦，当然也有各种鼓励和改进，终于得到了客户的认可："恭喜，贵公司中标了。"

这时候公司负责人应该干什么？做两件事：第一，带着团队去狂欢；第二，带领大家走进会议室，认真地进行一次复盘。

哈佛大学的大卫·加尔文教授认为：学习型组织的诊断标准之一，就是"不犯曾经犯过的错误"。从即将结束的项目中总结成功经验，吸取失败教训，这就是复盘。

联想公司根据实际经验，把复盘归纳为四个步骤：回顾目标、评估结果、分析原因和总结规律。

回到最初的案例。按照联想的复盘流程，可以有如下做法。

第一，回顾目标。

回顾目标，就是要准确、客观地回答两个问题：我们的目标是什么？我们的里程碑有哪些？

"我们的目标是不顾一切拿下这个项目。"这准确、客观吗？

这个目标很含糊，什么叫"不顾一切"？准确、客观的描述是："我们要在10%毛利率的底线内，拿下这个项目。"

那里程碑呢？"我们的里程碑，是3月底拿下项目，6月份测试上线，9月份收回全款。"

第二，评估结果。

这一步很关键。通过准确、客观地描述结果，可以找到相对于目标的"好的差异"和"坏的差异"。

比如，结果是："我们在2月底拿下了项目，但测算的毛利率只有5%。"因此，好的差异是：我们推动客户提前做出决定；坏的差异是：毛利率低于预期。

评估结果、描述差异时需要注意，不要忍不住分析原因，甚至提出解决方案，更不要忍不住指责、抱怨和撇清责任。

第三，分析原因。

评估完结果，就要分析原因：是什么导致了好的差异和坏的差异？

大家讨论后认为，推动客户提前做出决定，让竞争对手措手不及的原因是：

1. 第一次使用了"作战指挥室"的管理方式，团队合作的效果和效率都大大提升，使项目方案极具说服力；

2. 销售严格执行"销售漏斗"流程，发现客户对上线日期的担忧，从而说服客户提前招标。

但是，毛利率为什么低于预期呢？经过对事不对人的冷静分析后，大家发现原因是：

1. 项目方案内容变化太快，导致成本估算表更新速度跟不上；

2. 最终一轮谈判时，在谈判技巧上，表现严重不足。

分析原因时要注意：成功主要看客观原因，失败主要看主观原因。

第四，总结规律。

公司负责人很高兴大家能客观地面对成败，获得的不仅是胜利，更是成长。但是，复盘还没结束。还有最后一步，也是最重要的一步：总结规律。这一步，是把"隐性知识显性化"的关键一步。

根据对成败原因的分析，总结出四条规律：

1. 作战指挥室，是在重大项目中建立快速反应团队的好方法；

2. 销售漏斗培训，对提高销售能力值，提高项目成功率很有帮助；

3. 项目方案快速调整时，成本预算表是容易滞后的模块；

4. 谈判能力，在大项目的最后环节，作用明显。

基于这四点，要开始做什么、停止做什么、继续做什么呢？

开始做两件事：第一，行政部把一个会议室改成专门的作战指挥室；第二，销售部修改工作手册，超过300万元的项目谈判，配备谈判专家。

停止做一件事：项目内容大量变更时，方案中心不能独自作战，要申请财务部专员配合。

继续做一件事：每个新入职的销售人员，都要参加销售漏斗培训。

最后，把复盘总结发给所有人；把总结的规律，写进工作手册；把要开始做、停止做的每件事，都启动单独的PDCA循环。

组织学习大师彼得·圣吉曾讲过：从本质上看，人类只能通过"试错法"进行学习。复盘，就是从曾经试过的错中学习，把经验和教训变成组织能力。

画重点

复盘

复盘，就是从即将结束的项目中，总结成功经验，吸取失败教训。复盘具体有四步：回顾目标、评估结果、分析原因、总结规律。另外，小事可以及时复盘，大事需要阶段性复盘，项目结束后必须全面复盘。

5. MBTI是算命、娱乐，

还是性格测试

——MBTI

> MBTI性格测评工具被广泛运用于了解自己、知人善用上。用适合的方式，跟适合的人沟通，做自己适合的事，从而事半功倍。

一个人要去夏威夷旅行，这是一个非常难得的假期，应该怎么安排行程呢？有两个选择。

第一，制定一个详细的日程表，每天上午去哪里、中午在哪里吃饭、下午去哪里。仔细审视，保证不漏掉任何一个重要的景点，然后再出发。

第二，不制定任何日程表，随性游玩，遇到喜欢的地方就多待一会儿，甚至住下来，遇到不喜欢的地方立刻就走。

应该怎么选？他问了问身边的五位朋友，每个人的选择都不尽相同。

人与人之间，就是这么不同。这种内心深层的差异、倾向或者说偏好，就叫"性格"。性格比习惯更深层，更顽固。研究性格差异，是一件很有趣的事情。但是，心理学还是一门发展中的学科。性格分类，并不是基于公理缜密"演绎"出来的定理，而是基于生活统计"归纳"出来的猜想。

从1920年开始，无数研究者，包括著名的心理学家荣格在内，就开始"猜想"性格到底是什么，有没有确定的分类。这些猜想，有些几乎等于算命，比如星座；有些只是饭后娱乐，比如血型；但确实也出现了一些基于统计学的相对靠谱的猜想，比如DISC（个性测验）、九型人格和MBTI（性格测试工具）等。

MBTI中的M，指的是美国心理学家Myers（迈尔斯），B指的是她母亲Briggs（布里格斯），TI就是Type Indicator（类型指标）。这对母女在20世纪40年代，根据荣格的理论提出，人的性格有4个基本维度。

第一，心理能量。外向型代号E，从人际交往中获得能量；内向型代号I，从安静独处中获得能量。

第二，信息获取。实感型代号S，用五感理解真实的世界；直觉型代号N，用第六感理解抽象的世界。

第三，决策方式。思考型代号T，用逻辑客观的方式决策；情感型代号F，用情感和价值观来决策。

第四，生活态度。判断型代号J，结构化、组织化，喜欢控制；知觉型代号P，弹性化、自发化，开放探索。

4个维度，每个维度2种倾向，构成了16种性格类别，比如ESTJ。

回到最初的案例，为什么有人一定要做好计划才出行？因为在生活态度维度上，他是"J–判断型"的人，结构化、组织化，喜欢控制；而另一些人走到哪里玩到哪里，随心所欲，因为他们是"P–知觉型"的人，弹性化、自发化，开放探索。

那么，MBTI对管理有什么作用呢？

第一，了解自我。

沃顿商学院的人很多都是ISTJ或者ISFJ。SJ型（用五感理解真实的世界＋结构化、组织化，喜欢控制）的人，适合做金融和会计。而斯坦福大学无论是硕士、博士，还是MBA（工商管理硕士），很多人都是N型（用第六感理解抽象的世界），很少S型（用五感理解真实的世界）。

了解自我，做最自然而然的事情，在前进的道路上，更容易事半功倍。

第二，知人善用。

IBM（国际商业机器公司）在早期开拓印度市场时，没有员工愿意前往。后来，针对不同MBTI性格的员工，公司采取不同的动员策略。比如对IF、ES型（内向情感、外向实感）的员工，就渲染印度璀璨的文明和自由发挥空间；对ET、IN型（外向思考、内向直觉）的员工，就强调升职加薪和能力提升。最终，IBM完成了这项任务。

知人善用，是用适合的方式，跟适合的人沟通，做适合的事，从而事半功倍。

（ 画重点 ）

MBTI

MBTI是迈尔斯和她的母亲布里格斯创立的一套性格分类工具。它把人的性格分为：外向E–内向I、实感S–直觉N、思考T–情感F、判断J–知觉P这4个维度，以及由此衍生出来的16类性格。在管理上，MBTI被非常广泛地用于了解自我，知人善用。MBTI不是演绎，是归纳，可以把MBTI作为参考，但不要迷信。

第二篇 分钟 5

第五章——

思考工具

用数量带动质量，用点子激发点子

用它记笔记，还是把它当作思考工具

集齐七个问题，让思维更缜密

为什么？为什么？为什么？为什么？

太极生两仪，两仪生四象

1. 用数量带动质量，
用点子激发点子
——头脑风暴

头脑风暴不是一群人七嘴八舌随便议论，而是用一套严谨的流程，用数量带动质量，用点子激发点子，产生一个人独自苦思无法产生的创新。

美国北方特别寒冷，大雪纷飞，电线上的积雪越来越多，导致电线被压断，严重影响通信。当地电信公司的老板一筹莫展，该怎么办呢？用竹竿打雪？太危险了。把电线埋入地下？远水解不了近渴。怎么办？这时，可以试试叫作"头脑风暴"的工具。

头脑风暴，是由美国创造学家A.F.奥斯本发明的一种激发创造性思维的工具。使用头脑风暴有四大原则：自由思考、延迟评判、以量求质、结合改善。

电信公司老板把同事召集到一起，大家七嘴八舌地议论开来：

设计一个电线清雪机？

试试用电热的方式来化雪？

试试震荡技术呢？

带着扫把，坐着直升机去扫雪呢？

突然有人说："对啊，直升机！直升机沿着积雪严重的电线飞，巨大的螺旋桨高速旋转，扇落积雪应该没问题吧？"这个想法一下子激发了大家的思路，很快又产生了七八个用直升机除雪的办法。

最后经过验证，直升机扇雪真是一个脑洞大开，但有奇效的好方法。电线积雪的问题顺利解决了。

这就是头脑风暴。它的基本理念是：要获得很好的点子，首先要获得很多的点子；要获得很多的点子，就要靠点子来激发点子。这种个体头脑之间风暴式的化学反应，带来了"1+1远远大于2"的可能性。

美国国防部制订长远科技规划时，邀请了50位专家，对规划进行两周的头脑风暴。新报告诞生，原规划文件中只有25%~30%的内容被保留。

松下电器公司是头脑风暴的忠实拥趸。仅在1979年，就获得170万条设想，平均每个员工3条。

日本著名创造工程学家志村文彦，用头脑风暴帮助日本电气公司获得了58项专利，极大地降低了成本。

为什么头脑风暴有这样的威力？连接是基础，激发是核心。个体大脑是知识的子集，子集坐在一起，并不会自动拼成全集。只有遵守头脑风暴的严谨流程，才能把子集连接成全集，然后通过引发联想、热情感染、唤起竞争、张扬欲望的氛围，激发新的创意。

那么，应该怎么使用"用数量带动质量，用点子激发点子"的头脑风暴，提高群体思考质量呢？

第一，自由思考。

权力和威望会影响自由思考。一旦一些人的观点被认为比另一些人的观点更有价值，有些大脑就会被关闭。

怎么办？圆桌讨论，不要打印头衔，不要按主次排座位，不要自谦地说"我提一个不成熟的看法""我有一个不一定行得通的想法"。

第二，延迟评判。

禁止批评，甚至禁止评论别人的想法。不要说"这想法太离谱了""这想法太陈旧了""这是不可能的""这不符合××定律"。

批评和评论，是扼杀更多想法的刽子手。

第三，以量求质。

刚开始的想法就像刚打开热水龙头后的第一段冷水。前30个想法常常很容易，真正的创造力通常出现在第50个想法之后。所以，整场头脑风暴要争取产生至少100个新想法。在这里，数量比质量更重要。

一家公司就新产品名称进行头脑风暴。经过两小时"不自谦、不批评"的激烈讨论，大家提出了300多个新名字。3天后，默写还记得住的名字，大家只写出来20多个。然后，从这20多个名字中挑出3个，再让用户从3个中挑出1个。

第四，结合改善。

回到最初的案例，从带着扫把坐直升机扫雪，到用直升机螺旋桨扇雪，就是"结合改善"。这也是头脑风暴真正的魅力所在，是一个人独自冥思苦想产生不了的价值。

怎么做？讨论尽量要在小范围（10~20人左右）内进行；任何时候，一次只能一个人发言；不可以交头接耳开小会；把前面的想法都贴在白板上，激发更多新想法。

画重点

头脑风暴

个体大脑是知识的子集。子集坐在一起，并不会自动拼成全集。头脑风暴，就是用严谨的流程，"自由思考、延迟评判、以量求质、结合改善"，把所有智慧的子集连接起来，激发新的想法，产生一个人独自冥思苦想无法产生的创新。

2. 用它记笔记，还是
把它当作思考工具
——思维导图

很多人都用思维导图记笔记，但它更大的作用是帮助思考。把目标写在正中间，然后逐级发散、关联、调整，充分发挥创造力。

我有一个公益理念：1个人捐赠100万元，不如100万人每人捐赠1元；让一些人被帮助很重要，让更多人愿意帮助别人更重要。为此，我和上海宋庆龄基金会合作，创立了"泉公益"公益众筹平台，滴水成河，惠及众人。

不少人都有做公益的想法，可是怎么开始呢？我坐在上海宋庆龄基金会的办公室里，面对电脑，打算从梳理思路开始。那么，用什么工具来梳理呢？

用Word（文字处理软件）吗？Word是一个以"行"为基本结构的工具，有强制性的线性思维，不适合梳理发散的思路；用Excel（试算表软件）吗？Excel是一个以"表"为基本结构的工具，必须遵循横竖结构，太严谨；用PPT吗？PPT是一个以"页"为基本结构的工具，还是线性思维，只是比Word更有表现力。用Word、Excel、PPT来梳理思路，就像穿着西装参加运动会一样，无法释放全部创造力。

那用什么呢？下面介绍一个我特别喜欢的思考工具——思维导图。

思维导图，最早由英国教育学家东尼·博赞发明。他研究发现，人类的思维方式不是线性的、表格的，而是放射性的：从一点出发，烟花式绽放。他提出了"放射性思维"的概念，和基于此概念的思考工具——思维导图。

回到最开始的泉公益的例子。

我在基金会的一面白墙上，用好几张静电白板贴拼出足够的思考空间，然后在白板中央写上"泉公益"三个字，退后几步，进入放射性思维状态。

泉公益，当然需要一个网站。我在"泉公益"三个字附近，写下"网站"两个字，然后用线条连接。但更重要的是一套"先有项目，再有捐款"的流程，这将杜绝资金池带来的腐败。我又写下"内部流程"四个字，也与"泉公益"相连，然后再写下

"宣传与推广""团队"等。

我在写"团队"时突然想到，捐赠者的情感是需要被呵护的，做个"我捐款我自豪"的页面吧。这个想法放在哪里呢？我把这个突如其来的想法写在"网站"旁边，然后回来接着思考"团队"。

这就是放射性思维。我在巨大的白板面前，思考了整整一上午，设计出了泉公益的雏形。最后，我和基金会团队一起不断完善它，最终把泉公益变成了现实。就在2017年，我还通过泉公益平台，参与捐赠了一所远程支教的小学。

"思维导图这么有用？我一直以为它是用来记笔记的！"这是大家对思维导图最常见的误解。虽然思维导图也可以用于记笔记，但仅仅如此就真是大材小用了。思维导图最大的作用，不是记录，是思考，是创造。

怎么借助思维导图和它背后的放射性思维，来思考和创造呢？

第一，先从目标开始。

用思维导图来思考和创造时，首先要想清楚：目标是什么？这个目标可能是：如何在3个月内提升业绩，企业的愿景、使命、价值感是什么，怎样才能让她爱上我，下一年我的时间应该怎么分配，等等。

找个足够大的白板，把目标写在正中间。这块白板要大到不会因为地方不够而认为：这一点不重要，留些地方写重要的事吧。

第二，不被思维导图限制。

不要被层次限制。有任何想法，立刻写在纸上，不必先把第一层"相互独立，完全穷尽"了，再想第二层。不要被形式限制。图片、颜色、线条都不重要。追求美观，让别人看到后哇的一声赞叹，反而会忘了真正的重点。

不要被逻辑限制。有个想法表达不准确，或者放错层次了，不重要。擦掉重写，或者重新关联，不必抱着"落笔一定不能错"的想法。

第三，善用各种工具。

东尼·博赞时代的思维导图，很多是在白纸上画的。但在白纸上画思维导图，修改、保存都很困难。

可以试试巨大的白板或者白板贴；试试平板电脑，比如用Surface电脑（微软平板电脑）的OneNote（微软办公软件）画思维导图；试试专业的绘制思维导图的软件，比如Mind Manager（思维导图软件）；等等。

（画重点）

思维导图

思维导图是东尼·博赞发明的一种思考工具。东尼认为，人的思维不是线性的、表格的，而是放射性的。思维导图可以充分发挥创造力，从目标开始，逐级发散、相互独立、周密全面，最大限度地展现原汁原味的创意。想最大化地发挥思维导图的效能，要做到：第一，先从目标开始；第二，不被思维导图限制；第三，善用各种工具。

3. 集齐七个问题，
让思维更缜密
——5W2H法

> 5W2H法是很有效的思考工具，能够步骤化、流程化地进行思考，从而更缜密地找到问题，变革创新，分配任务。

老板交给某员工一个任务：推进公司不温不火的"前员工俱乐部"的运营。该员工接到任务后，把"前员工俱乐部"六个字写在思维导图的中央，然后脑海中就一片空白，不知如何开始。他把下属小李叫来："你先帮我调查前员工俱乐部的现状吧。"小李领命走了。三天之后，老板问起来，他去催小李。小李说："啊，这么着急？我现在就去！"他这才意识到，居然没交代小李何时反馈。

为什么会这样？平时思维似乎很缜密的员工，怎么会"一片空白，瞻前不顾后"了呢？

思维缜密，是个很难界定的概念。事情都做完了吗？差不多了。什么叫"差不多了"？因为很难界定，所以容易犯错，容易疏漏。清单上有17件事，完成了15件，这才是缜密。想让思维更缜密，需要一个步骤化、流程化的思考工具——5W2H。

5W2H是最常见的七个问题：Why（为什么），What（是什么），Where（在何处），When（在何时），Who（由谁做），How（怎么做），How Much（要多少）。把这七个问题放在一起问，确实能弥补思考问题的疏漏。

举个例子，"小张，把这份报告复印一下"。复印几份？什么时候要？复印完交到哪里？

用5W2H法重新整理一下。

Who：小张。

What：做什么？复印报告。

How：怎么做？用高品质复印。

When：何时交？下班前。

Where：交到哪儿？总经理办公室。

How Much：复印多少？2份。

Why：为什么这么做？给客户做参考。

重新整理之后，可以这么说："小张，请你将这份报告复印

2份，于下班前送到总经理办公室交给总经理。请留意复印的质量，总经理要带给客户做参考。"这是不是缜密多了呢？

5W2H法，又叫"七何分析法"，它的步骤化、流程化，就像医生拿着检查板，面对患者，一项项打钩：血压，达标；心律，达标；血糖，达标。最后收起检查板，微笑着对患者说："你恢复得很好，很快就可以出院了。"

回到最初的案例。具体应该在哪些场景，如何利用5W2H的检查板，让思维更缜密呢？可以试试下面三种用法。

第一，用5W2H法找到问题。

下属反映：前员工俱乐部最近不温不火。要搞明白这个问题，可以拿起5W2H检查板一一检查。

What：前员工俱乐部的互动越来越少。

Where：微信群里的发言数量减少。

When：最近三周，尤其是最近一周。

Who：都不怎么发言了，尤其是以前最活跃的几个人。

How Much：500人的群，过去每天有1 000条以上的发言，现在降到了每天几十条。

Why：这可能是因为群成员各方面水平高低不一，话题价值不同，越来越多的人感觉疲累。

这样，就把"前员工俱乐部最近不温不火"这个问题具体化了。

第二，用5W2H法变革创新。

站在思维导图前，面对中央的"前员工俱乐部"六个字，开始用5W2H法，围绕七个问题层层展开。甚至可以试着就这七个问题中的每一个问题，继续深入四个层次，寻找创新机会。

比如Why：建立"前员工俱乐部"的原因是什么？

第一层深入：因为要和前员工保持联系。

第二层深入：为什么要和前员工保持联系？因为希望前员工帮助推广产品、推荐员工、给新产品提意见等。

第三层深入：有更合适的实现这些目标的方法吗？有。比如，邀请其中一些真正有影响力、有能力的前员工做"荣誉顾问"。

第四层深入：为什么这么做更合适？因为避免了很多无效沟通。

所以，该员工在"前员工俱乐部"的基础上，设计了更有效的"荣誉顾问"计划。

第三，用5W2H法分配任务。

"小李，帮我调查一下前员工俱乐部的现状，明天向我汇报。"这是3W。

如果想更缜密一些呢？

"小李，老板希望改善前员工俱乐部的运营，你先帮我调查一下现状，列出10条优点、10条缺点。明天下午4点到我办公室汇报。你可以找小张帮你一下。"这就是5W2H。

(画重点)

5W2H法

5W2H是常见的七个问题：Why、What、Where、When、Who、How和How Much。5W2H法并不复杂，却是步骤化、清单化管理思维的典型代表，能够使我们更缜密地找到问题，变革创新，分配任务。

4. 为什么？为什么？为什么？为什么？为什么？
——5WHY法

> 提出正确问题，区分客观原因和主观借口，从问题出发，不断追问为什么，5WHY法能用来有效分析问题，找出根本原因。

什么是5WHY法？

5WHY法的意思是追问5个为什么。作为一种思考工具，它最早由丰田公司的大野耐一提出。在某一次新闻发布会上，记者问大野耐一："丰田汽车的质量为什么会这么好？"大野耐一回答："我碰到问题，至少要问5个为什么。"

据说有一次，大野耐一到生产线上视察，发现机器停转了。于是他问员工："为什么机器停了？"员工答："因为超过了负荷，保险丝断了。"他接着又问了第二个问题："为什么会超负荷？"员工答："因为轴承的润滑油不够。"第三个问题："为什么润滑油不够？"员工答："因为润滑泵吸不上油来。"第四个问题："为什么吸不上油来？"员工答："因为油泵轴磨损、松动了。"第五个问题："为什么磨损了呢？"员工答："因为没有安装过滤器，混进了铁屑等杂质。"通过追问5个为什么的方式，最终找到问题的真正原因。

任何一个现象或者问题，一定有导致它的直接原因。比如，"为什么杰斐逊纪念馆的外墙斑驳陈旧？"

"因为清洁工经常使用清洗剂进行清洗。"这是直接原因。

当然可以让清洁工减少清洗，这个问题也许立刻会得到解决。但这仅仅是紧急处理的方法，就像止痛针一样，虽然能缓解痛感，但治标不治本。

所以继续追问："又是什么导致清洁工要经常清洗呢？"

"因为有很多鸟在这里拉屎。"

"那为什么有很多鸟呢？"

"因为这里非常适宜虫子繁殖，这些虫子是鸟的美餐。"

这就是导致直接原因的间接原因了，但它们还不是根本原因。

那么接着追问："为什么这里适合虫子繁殖呢？"

"因为那里有一排窗，太阳把房间里照射得非常温暖，很适合虫子繁殖。"

原来，那一排没有窗帘的窗户，才是导致外墙斑驳陈旧的根本原因。怎么办？挂上窗帘，问题就解决了。

这就是5WHY法：从问题出发，不断追问为什么，告别直接原因，路过间接原因，最终找到根本原因。

运用5WHY法，需要注意两件事。

第一，提出正确的问题。

员工说："因为超过了负荷，保险丝断了。"这时，如果追问的不是"为什么会超负荷"，而是"为什么不用更好的保险丝"，这个方向就偏离了根本原因，走向了次要的采购流程。

员工说："因为清洁工经常使用清洗剂进行清洗。"这时，如果追问的不是"为什么要经常清洗"，而是"为什么要用清洗剂"，这个方向也偏离了根本原因，走向了次要的"哪种清洗方式更好"的问题。

提问题，要一直针对根本原因。

第二，区分原因和借口。

"为什么会超负荷？"如果员工答："因为安排的工作量太大，机器都受不了，人就更受不了了。"接着问："为什么工作量这么大？"员工说："因为车间主任不是个好人。"这次讨论就会被情绪带走。

要区分客观原因和主观借口。

5WHY法

5WHY法，就是从问题出发，不断追问为什么，告别直接原因，路过间接原因，最终找到根本原因。用5W2H找到问题，用5WHY分析问题。使用5WHY法时一定要注意：第一，提出正确的问题；第二，区分原因和借口。

5. 太极生两仪，
两仪生四象
——二维四象限

二维四象限，能把我们从"非此即彼"的二分法里解放出来，用两个对立统一的属性作为依据，画出四象限图，分别讨论情况，让思维更完整、更辩证。

"一切商业的出发点，都是用户获益。"听到这个观点后，某老板深受启发："对啊！不让用户获益，用户干吗选我的产品呢？"老板开始不断追求用户价值，体验升级，用户越来越开心，可最后公司还是亏钱了。老板很痛苦，四处求教。有人听完他的讲述，轻蔑地一笑，说："任何一种商业模式，都是你自身能力的变现方式。"老板一听，醍醐灌顶：从自身能力出发，确实更实际啊！

那么，到底是从"用户获益"出发重要，还是从"自身能力"出发重要呢？

其实，这两种说法都正确。什么不正确呢？把这两个维度对立起来的思维方式不正确。我们被"非此即彼"的二分法统治太久，思维变得简单而僵化，从而失去了分析复杂问题的能力。可以试试用"对立统一"的二维四象限，来面对这个多样的世界，分析这些复杂的问题。

什么叫二维四象限？

在"高效能人士的习惯"一章中，我介绍了时间管理矩阵，把事情分为"重要和不重要""紧急和不紧急"。轻重是一个维度，缓急是另一个维度。不能说"重"和"急"哪一个更优先，也不能说"轻"和"缓"哪一个更无关紧要，它们是两个不同的维度。把轻重维度置于纵轴，把缓急维度置于横轴，就有了时间管理矩阵图。

时间管理矩阵，不把轻重和缓急这两个维度对立起来，而是把它们统一起来，从而生成了四个象限：重要且紧急、重要但不紧急、紧急但不重要、不紧急也不重要。

这就是二维四象限，从"非此即彼"的二分法里解放出来，用两个对立统一的重要属性作为依据，画出四象限图，分别讨论情况，逐个解决问题。

回到最初的案例。到底是从用户获益出发更重要，还是从自身能力出发重要呢？我们把思路从"非此即彼"改为"对立统一"，画一个二维四象限图看看。

苹果公司的"软件布道师"格威·卡瓦萨奇以"用户获益"为横轴，"自身能力"为纵轴，生成了四个象限：自身能力很强，但是用户并不获益，这叫"冤大头型企业"；用户获得利益，但自身并没有能力因此盈利，这叫"平庸型企业"；自身能力不强，用户也不因此获益，这类企业是来"打酱油"的，叫"凑趣型企业"；只有用户获益，自身能力也很强的企业，才有真正的"商业模式"。

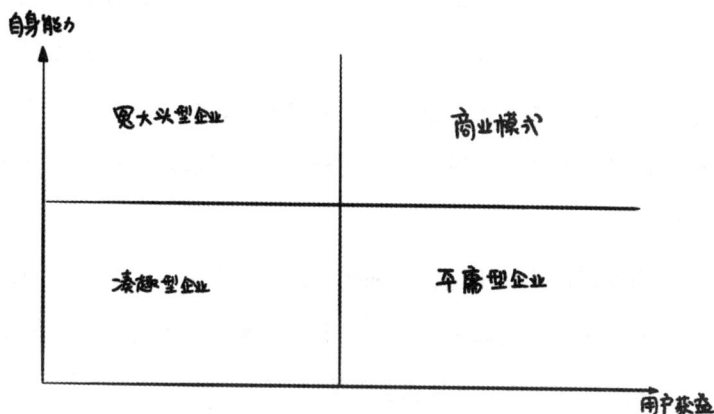

通过这个例子，可以看到二维四象限法从"非此即彼"到"对立统一"的威力。这就是《易经》里"太极生两仪，两仪生四象，四象生八卦"中的"两仪生四象"。

应该怎么利用威力如此强大的二维四象限，提升思考能力呢？

比如分析风险管理，可以从"可能性"和"损失"两个维度，生成"转嫁、规避、降低和自留"四个象限。于是就有了风险管理模型。

比如分析自我认知，可以从"自己知不知道"和"别人知不知道"两个维度，生成"公开的自我、秘密的自我、盲目的自我和未知的自我"四个象限。于是就有了乔哈里视窗理论。

比如分析企业的产品布局，可以从"相对市场份额"和"市场增长率"两个维度，生成"现金牛、明星、问题和瘦狗"四个象限。于是就有了波士顿矩阵。

二维四象限几乎是整个西方管理学、经济学，甚至是哲学最基本的分析工具之一，无处不见。

(画重点)

二维四象限

二维四象限，就是从"非此即彼"的二分法里解放出来，用两个对立统一的重要属性作为依据，画出四象限图，分别讨论情况，逐个解决问题。用二维四象限来分析问题，会让思维更完整、更辩证。风险管理模型、乔哈里视窗理论、波士顿矩阵等，都是用这个基础工具打造出来的高级工具。

第六章 —

沟通工具

请把和下属的1:1会议放入日程表

用『十二原则六步法』开好一个会

『死磕自己』是种精神，更需要方法

让右脑一起来开会

外部越是剧烈变化，内部越要集中办公

1. 请把和下属的1：1
会议放入日程表
——1：1会议

> 定期和下属进行以对方为中心的一对一谈话，少说少问多听，主动帮助员工，及时表达感谢，才能收获更好的业绩和更大的忠诚度。

某老板一直非常器重一个员工，给他最好的待遇和最大的责任。老板期待着有一天他能成长起来，独当一面，甚至成为合伙人。但突然有一天，这个员工对老板说："我思考了很久，决定暂时离开大家，去尝试一些新的机会。虽然非常不舍，但希望老板批准。"老板很吃惊："为什么啊？我们这里有什么不好吗？"他说："没有，这里非常好，但我也有自己的梦想。"老板立刻不知道说什么了。怎么办？安排一次"离职面试"吧。同时，老板还必须反思一件事：为什么他"思考了很久"，而自己居然一直不知道！

这是因为老板和员工之间严重缺乏沟通。

"啊？我们平时的沟通不少啊，经常开会，甚至半夜还通电话讨论项目呢。"没错，但这些沟通，都是老板"按我的需求发起，被我的目标主导，用我的逻辑进行"的沟通。这些沟通的关键词是"我"。老板缺乏的是"按你的需求发起，被你的目标主导，用你的逻辑进行"的沟通。这些沟通的关键词是"你"。在以"我"为核心的沟通中，是听不到"你"的心声的。

怎么办呢？可以试试一种以"你"为核心的沟通工具——1∶1会议。

什么叫1∶1会议？

我在微软时，公司要求管理者每两周，至少每个月，与每个直接下属单独开一次1小时的1∶1会议。那时我有29个直接下属，分布在上海、香港、台北、首尔和班加罗尔。就算每个月和每个人花1小时开会，那也意味着21个工作日中，大约有3.5天都在开1∶1会议。这效率也太低了吧！把29人召集在一起，1个小时搞定，不行吗？

真不行。有一次，我和一位直接下属开1∶1会议。我问："今天你想和我聊点儿什么？"她有点儿犹豫，但终于开口说："我知道以客户为中心很重要，我知道客户永远是对的，但有个客户实在太不讲理了。""他怎么不讲理了？"于是，她控制住自己，讲述了客户如何居高临下，反复无常。

我知道，这是一个沟通技巧的问题，于是跟她说："来，我们一起回这封邮件。"我们一边回邮件，一边逐字逐句地讨论为什么这么写。邮件发出去了，她非常高兴。

这件事我很快就忘了。一个偶然的机会，我通过第三人了解到，她常和别人说起这件事，对我很感激。那一刻我突然意识到，原来一个有效的1∶1会议是如此重要。如果沮丧、无助积累下来，她会不会某天对我说"我思考了很久，决定暂时离开大家"呢？

1∶1会议是管理人员定期与每位下属进行的以对方为中心的一对一谈话。公司里绝大多数沟通，都是从"我"到"你"，从上到下；而1∶1会议，是从"你"到"我"，从下到上的沟通工具。管理人员用1∶1会议的方式，把时间投资给员工，可以收获更好的业绩、更高的效率和更大的忠诚度。

如何进行有效的1∶1会议呢？

第一，严格定期沟通。

在日程表上，早早确定未来1年与每个员工的1∶1会议。开会时，主动合上电脑，把手机调到振动状态。千万不要迟到，更不要在最后一分钟取消会议。会议时间可以是1小时，但最少30分钟。总之，认真对待，而不是有空就聊。

第二，少说少问多听。

这不是演讲会，要尽量遵守"25：25：50"原则：25%的时间用来问，25%的时间用来说，剩下50%的时间用来听。这不是项目回顾会，不要上来就问："你手上的几个项目，进展怎么样？"1：1会议的核心是"你"，请员工事先准备好讨论清单，让员工拥有这个会议，而不是被管理人员"叫去谈话"。

第三，主动帮助员工。

1：1会议的最终目的是解决问题。遇到什么困难了吗？我如何帮助你？有没有不开心？我如何帮助你？团队合作愉快吗？我如何帮助你？最近学到了什么新东西？还想学什么？我如何帮助你？每一个问题背后的终极问题都是：我如何帮助你？

第四，及时表达感谢。

关心员工职业发展，询问最近情绪变化。但最重要的是，要对他做得正确的事情表达感谢。面对员工，缓慢而坚定地用5秒钟说：谢谢。

(画重点)

1：1会议

1：1会议，是管理人员定期与每位下属进行的以对方为中心的一对一谈话。管理人员用1：1会议的方式，把时间投资给员工，可以收获更好的业绩、更高的效率和更大的忠诚度。进行有效的1：1会议，要遵循四个原则：严格定期沟通、少说少问多听、主动帮助员工、及时表达感谢。

2. 用"十二原则六步法"
开好一个会
——罗伯特议事规则

开会是用时间换结论的商业模式。为了最高效地获取会议的结论价值，可以试试被称为"开会规则圣经"的罗伯特议事规则。

　　某团队召开会议，讨论是开发独立的APP，还是继续依托微信运营。有人说："必须做APP，用户是我们的命，始终要独立。"有人说："依托微信，至少还有命；自己做，连命都没有。"有人说："你们看到微信上那些一言不合就被封的大号了吗？"眼看战火升级，团队负责人打断他们："都别说了，先讨论点儿有意义的……"

　　不文明、跑题、打断、一言堂，让这场讨论没有任何结论。

开会，是用时间换结论的商业模式。可为什么投入同样的时间，有的人能赚取极高的结论价值，有的人却血本无归呢？

这是因为使用的开会商业模式不对。美国国会使用的开会商业模式《罗伯特议事规则》被称为"开会规则圣经"。这本书内容丰富，其中的精华可以总结为"十二原则六步法"。

回到最初的案例，如果运用"十二原则六步法"，这个会应该怎么开呢？

第一步，动议。

动议，就是行动的建议，必须包括时间、地点、人员、资源、行动、结果。比如："我动议：投入50万元，调拨12人，3个月内做出独立APP。建议在上海开展，由开发总监负责。"

这涉及动议中心原则：先动议后讨论，无动议不讨论。

第二步，附议。

只要有一个人说"我附议"，就可以进入议事流程。

如果没有人附议，主持人可以附议吗？不可以。这涉及主持中立原则：主持人有控场权，必须从讨论中抽离。不得发表意见，不得总结别人的发言，即便是领导也不行。

第三步，陈述议题。

主持人清楚地陈述议题，让与会者明确到底讨论的内容是什么。

第四步，辩论。

主持人宣布开始，动议方立刻发言：“我的动议，其实是大家的普遍观点，你们说是吗？”很多人纷纷插话说“是的”“我早就这么想了”。

这很危险。他在造势，一种意见一哄而上，就会压制不同声音。怎么办？启动机会均等原则：任何人发言前，必须得到主持人允许。先举手者优先，未发言者优先。同时，尽量让正反双方轮流发言，保持平衡。

有人举手：“我觉得都可以，要看具体情况。”

这也很危险。没有观点，无助于结论。应该启动立场明确原则：发言人要先表明立场，再说明理由。

某人正在发言，突然有人忍不住打断：“你这个想法不现实，因为……”

这更危险。应该立即制止，强调发言完整原则：不能打断别人；以及面对主持原则：发言要面对主持人，参会者之间不得直接辩论。

讨论过半，有人一直在说，有人一言不发。要提醒一直在说的人限时限次原则：“一个议题，每人最多发言3次，每次最多2分钟。这是你第3次发言，请注意。”

他说：“好，那我说说另一件有关的事吧。”主持人还是要打断他：“一时一件原则，不得跑题。”

他很生气：“可这件事已经讨论很久了。”主持人要宣布遵守裁判原则：主持人最大，无条件服从。

他恼羞成怒："他们的想法实在太蠢了。"怎么办？文明表达原则：不得人身攻击，不得质疑他人的动机、习惯或偏好。

在一系列规则下，辩论终于变得有序、交替、高效。

第五步，表决。

开发总监觉得差不多了，说："表决吧。"然后举起了手。

主持人请他把手放下，宣布充分辩论原则：还有发言机会的人都讲完了吗？讨论充分方可表决。

终于都表达完毕，启动多数裁决原则：赞成人数多于反对人数，即为通过。平局算未通过。

表决时，不要说"同意的跟我一起举手"并先举手，然后盯着每个人看，不举手的就使劲儿盯，直到人数够了就宣布通过。

主持人应先说"赞成的请举手（停顿几秒），请放下"，再说"反对的请举手（停顿几秒），请放下"。不要请弃权的举手。主持人必须最后举手。

第六步，宣布结果。

"最终以15票赞成、8票反对、2票弃权通过开发APP。散会。"

这就是一场符合罗伯特议事规则的讨论。

有一次记者问曾任香港特别行政区立法会主席的范徐丽泰："高居议会之巅是什么感受？"她回答："有口难言！"记者又

问："遇到那么多争议，你的原则是什么呢？"她又回答："议事规则。"这就是一个主持人应有的素质。

(画重点)

罗伯特议事规则

这套规则的精华为"十二原则六步法"。十二原则是动议中心，主持中立，机会均等，立场明确，发言完整，面对主持，限时限次，一时一件，遵守裁判，文明表达，充分辩论，多数裁决。六步法是动议，附议，陈述议题，辩论，表决，宣布结果。

3. "死磕自己"是种精神，更需要方法——Scrum

自律工具 Scrum 的本质是把一次漫长的长跑分割成一段段全力以赴的冲刺，通过流程提高效率。

Scrum是橄榄球比赛中"争球"的意思，想象一下争球时的敏捷、激情和你争我抢。Scrum就是取义于此，被广泛应用于IT界的一套项目管理工具。

简单来说，Scrum是由三个角色（产品负责人、Scrum专家、团队成员）、四个仪式（冲刺计划会、每日站会、冲刺评审会、冲刺回顾会）和三个物件（产品积压、冲刺积压、燃尽图）组成的一套项目管理方法。

首先，要有一份"产品积压"。积压，就是自带"赶快处理我吧"这种情绪的需求清单。比如，《刘润·5分钟商学院》的需求清单，就是详细的260天的课表。

接着，举行冲刺计划会。

冲刺，是一次竭尽全力的短跑。Scrum的核心，是把整个项目分成若干段冲刺，每次2~4周，冲完这一段再进行下一段。

作为产品负责人，召开冲刺计划会时要定下三件事。

1. 冲刺目标。"本月冲刺35篇文章"，定下来后，把它从"产品积压"移入"冲刺积压"。

2. 冲刺方法。分为6步：概念起点、初始想法、案例文稿、原始录音、录音终稿、最终交付。

3. 分配任务。团队成员5人，在6个步骤中，各自主动领取任务。

产品负责人把目标、方法和任务分配写在白板上，白板是团队最重要的工作台。

一个月35篇文章，每个工作日超过1.5篇，工作压力非常大。但这就是冲刺。

然后，每天早上要举行每日站会。

团队成员站在看板前，进行不超过15分钟的进度沟通。Scrum专家的职责是保证流程顺利，并引导大家说三件事：你昨天做了什么？今天打算做什么？有什么困难？

同事A说："我昨天收集了两篇文章的素材。"于是，A把那两张写着文章名字的即时贴从"初始想法"移到"案例文稿"。同事B说："我写完了一篇专栏，并录了语音。"于是，B把这项任务从"案例文稿"移到"原始录音"。同事C说："今天我要花10小时写两篇专栏。我的困难是素材质量不高。"

千万记住：这时不要讨论素材质量不高的原因和解决办法，会后再讨论。

15分钟内，每人说3句话，把文章从上一步挪到下一步。开完会，完成的文章从15篇变成了17篇。这时，要更新墙上的燃尽图。

燃尽，是"燃烧完"的意思。随着时间推移，剩余工作量越来越少。把计划进度画成一根从左上到右下的线，把实际进度用其他颜色标在旁边，工作量就像蜡烛燃烧一样不断减少。

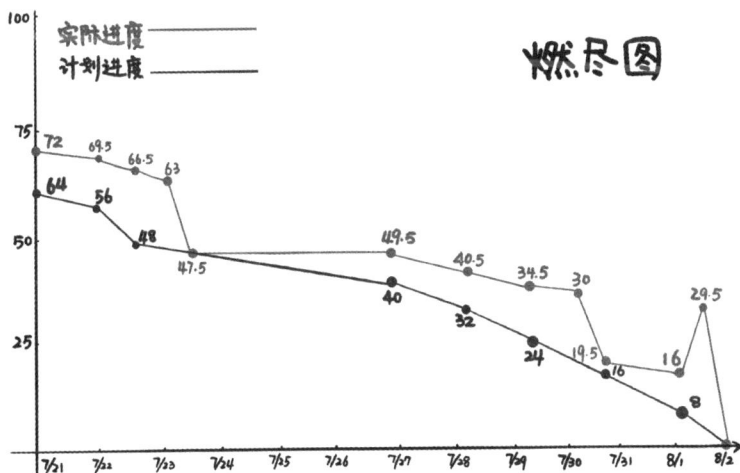

燃尽图

实际进度

计划进度

实际进度在计划进度上方，说明落后了。怎么办？少废话，立马回去干活。

在每日站会的紧张感和剩余任务逐渐燃尽的成就感中，一轮冲刺终于结束了，开始冲刺评审会和冲刺回顾会。

冲刺评审会，由产品负责人主持，一起审阅交付的产品，也就是文章。

冲刺回顾会，主要讨论开始做什么、停止做什么、继续做什么，也就是复盘。复盘之后再启动下一轮冲刺。

罗振宇说："死磕自己，愉悦他人。"死磕自己，不仅是一种精神，更需要一套方法。

（画重点）

Scrum

Scrum是一套项目管理流程，包括三个角色（产品负责人、Scrum专家、团队成员）、四个仪式（冲刺计划会、每日站会、冲刺评审会、冲刺回顾会）和三个物件（产品积压、冲刺积压、燃尽图）。Scrum的本质，是把一次漫长的长跑分割成一段段全力以赴的冲刺，通过流程提高效率。

4. 让右脑一起来开会
——视觉会议

将思维视觉化，通过图画将会议的内容逻辑清晰地呈现，让所有开会者用全景画面同步思考，有效参与，并跟进落实。

又开会了。和往常一样，老板滔滔不绝，经理七嘴八舌，员工一脸茫然。会议结束后，老板总结说："今天的会议卓有成效。小张整理一下会议纪要，记住：Who do What by When。"小张一脸茫然地点头答应。当天下午收到会议纪要，老板很无奈，和他想的完全不一样，他认为的核心和重点一点儿都没有突出。

这种现象，几乎所有管理者都会遇到。老板坐下来反求诸己："为什么我脑海中留下的会议画面和记录者脑海中的完全不一样？

那其他与会者呢？十个人带着十幅画面离开吗？这太可怕了。"

这是因为与会者缺乏参与感。可是，大家讨论得很激烈，怎么会缺乏参与感？

缺乏参与感，不是指左边的人参与了，右边的人没参与；而是指与会者的左脑参与了，右脑却没参与。他们其实都只带了"半个人"来开会。

科学研究表明：左脑负责语言，右脑负责视觉。一场只有左脑参与的会议，就是"半个人"开会，与会者容易身体疲劳，逻辑混乱。试着在白板上把会议的内容画成图，让另外"半个人"——右脑也参与进来，开一场"视觉会议"。

什么是视觉会议？

回到最初的案例。开完会，老板说："今天的会议卓有成效。下面，请视觉记录师用'画廊漫步'的方式，做个回顾。"

所有人站到白板前。老板说："我们今天讨论了……大家有……观点，这个问题的核心是……问题出在……下一步要……"老板一边讲，视觉记录师一边画，所有与会人员边看图画边回顾内容重点。其间，与会者对某些点滴产生共鸣，兴奋地议论。

画完后，看着会议逻辑全景图，所有与会者脑海中留下同一幅画面。老板让小张把这幅图贴在走廊上，让大家时刻回顾，并把电子版附在会议纪要的邮件里，供大家保存、回忆。

这就是视觉会议，将思维视觉化，通过图画将会议内容逻辑清晰地呈现的沟通工具。

思维视觉化，到底有什么用？看上去如此简单（其实并不简单）的方法，可以增强与会者的参与感。更重要的是，让所有与会者用全景画面同步思考，甚至共同创作，最终极大增强群体记忆，促进项目的跟进落实。

不需要每次都请视觉记录师，掌握下面 10 种常见的视觉图，就可以有效地实现参与感，帮助全景思考，增强群体记忆。

第一种，逻辑结构视觉图。

要想表达事件之间的逻辑关系，可以试试利弊图、二维四象限图、分布图、系统图。

利弊图，是把好处和坏处分别列出来，比较权衡；二维四象限图，是用对立统一的方法，讨论两个概念组成的四种可能情况；分布图，是把数据放进图表中，摸索数据之间的关系；系统图，是画出要素间的相互作用，寻找规律。

第二种，时间顺序视觉图。

当想要表达的概念有先后顺序，与时间相关时，可以试试甘特图、流程图、历史图。

甘特图，是把任务列表放入时间轴，看清任务之间的关系；流程图，注重任务的先后顺序和相互依存的逻辑；历史图，是在时间轴上表明关键事件和节点。

第三种，发散思维视觉图。

当思维没有逻辑结构、时间顺序，比较发散时，可以试试思维导图、鱼骨图、曼陀罗图。

思维导图，从一点出发，发散性地拓展思维；鱼骨图，从结果开始，发散性地寻找原因；曼陀罗图，从核心开始，发散性地拓展到外围。

掌握了这10种视觉图，就可以在大部分会议上，拿出一支笔，邀请右脑一起来开会。

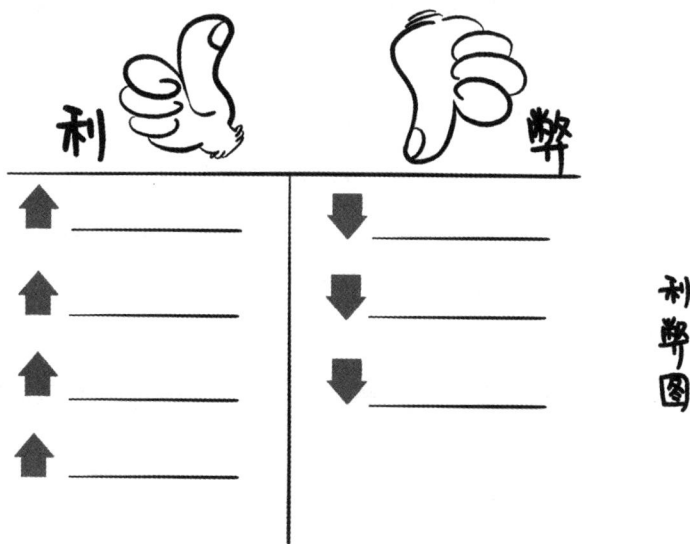

利弊图

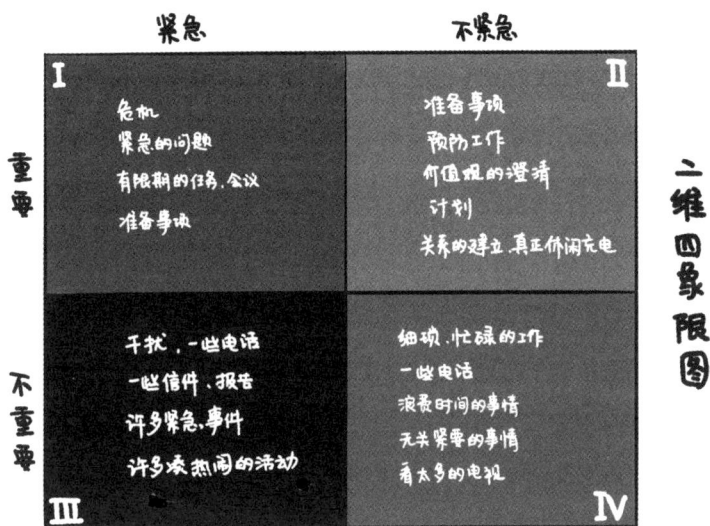

二维四象限图

	紧急	不紧急
重要	**I** 危机 紧急的问题 有限期的任务、会议 准备事项	**II** 准备事项 预防工作 价值观的澄清 计划 关系的建立、真正价闲充电
不重要	**III** 干扰、一些电话 一些信件、报告 许多紧急事件 许多凑热闹的活动	**IV** 细琐、忙碌的工作 一些电话 浪费时间的事情 无关紧要的事情 看太多的电视

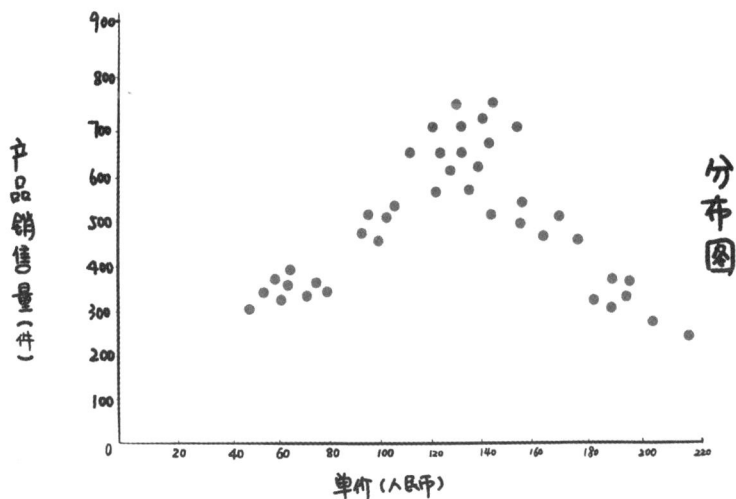

分布图

产品销售量（件）

单价（人民币）

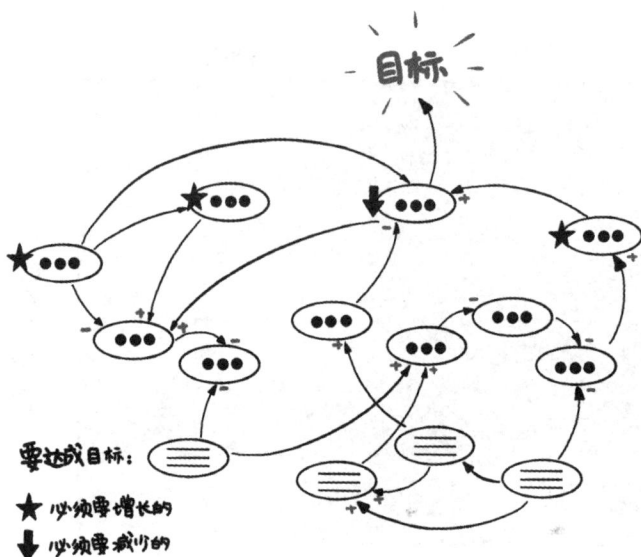

系统图

目标

要达成目标：

★ 必须要增长的
⬇ 必须要减少的

任务＼时间	第1周	第2周	第3周	第4周
1.项目确定	▓			
2.调研访问		▓		
3.实地执行		▓		
4.数据录入		▓		
5.数据分析			▓	
6.报告撰写				▓

甘特图 ···Gantt Chart···

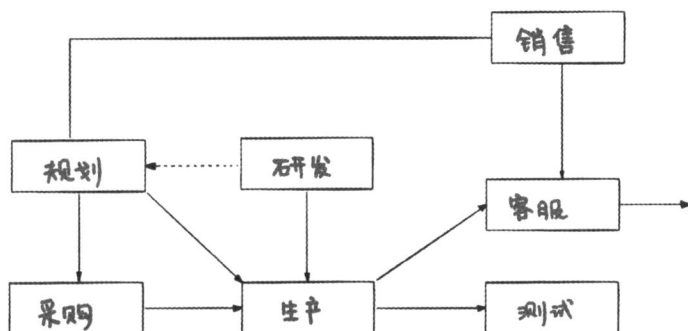

流程图

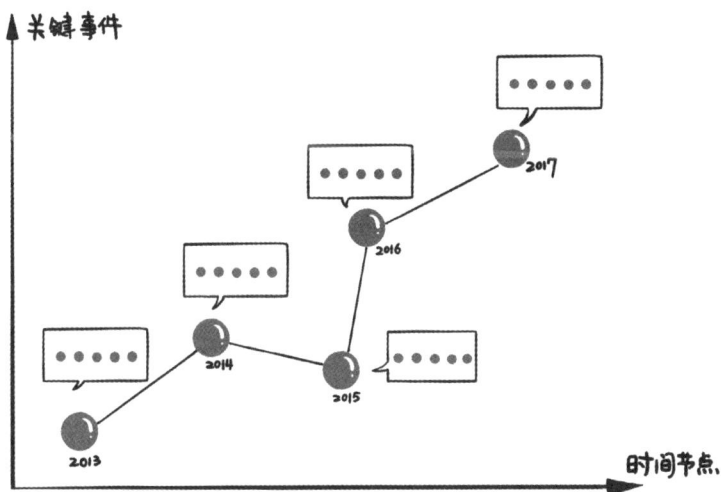

··—历史图—··

思维导图

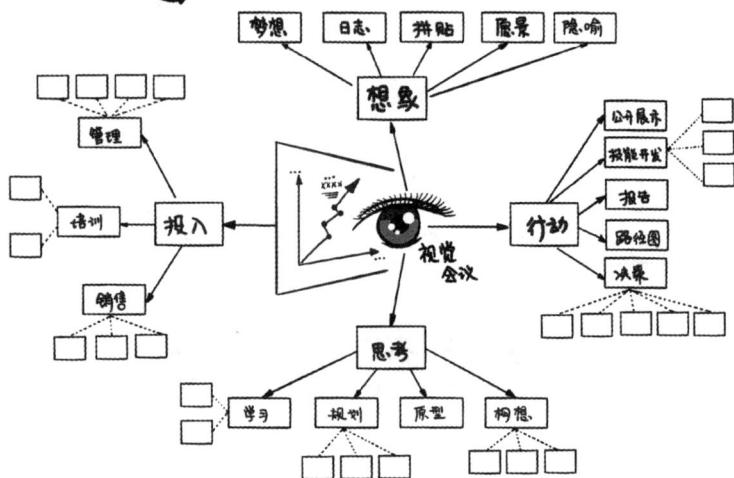

鱼骨图

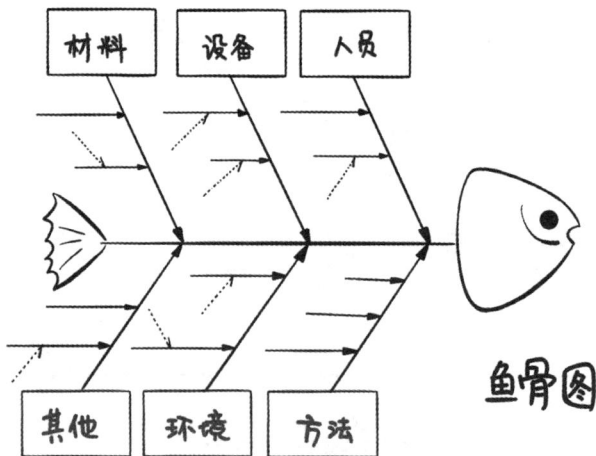

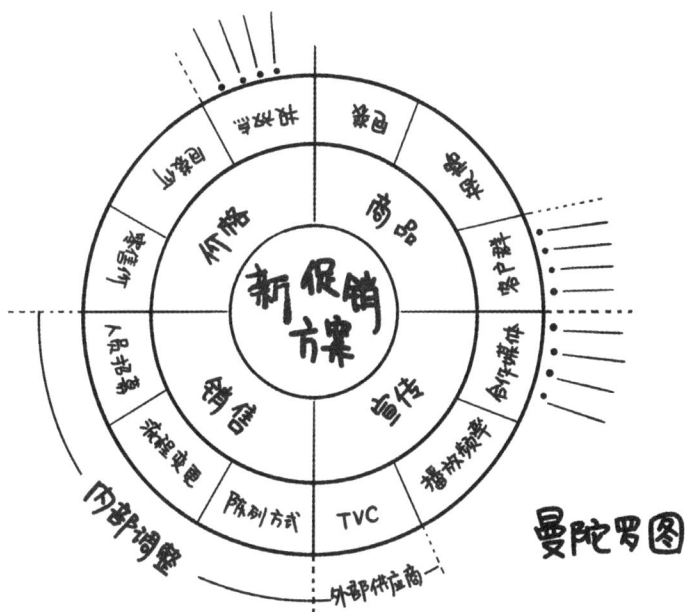

曼陀罗图

○ 画重点

视觉会议

为了更好的参与感、全景思维和群体记忆，可以用画图的方式，邀请右脑一起来开会。开视觉会议，并不需要画家。记住三类（逻辑结构、时间顺序、发散思维）视觉图，就可以成功召开大部分会议了。具体包括：利弊图、二维四象限图、分布图、系统图、甘特图、流程图、历史图、思维导图、鱼骨图、曼陀罗图。

5. 外部越是剧烈变化，
内部越要集中办公
——作战指挥室

> 创业或攻克某个特定项目时，可以通过设立"作战指挥室"，把所有人聚在一起，保证"变态级"的沟通效率。

在某个特定时期，比如创业初期，"集中办公"作为一种独特的沟通工具，有不可替代的巨大价值。它还有一个高大上的名字——作战指挥室。

什么叫作战指挥室？

在几乎所有的战争片中，都能看到一个讨论军情的房间。有的墙上挂一幅满是标记的地图，有的房间中有一个专门制作的沙盘。所有的核心将领、参谋、情报员等，吃住都在这里，基于不断获得的军事情报，讨论、推演，随时做出作战决策。这个地方，就是作战指挥室。

为什么一定要有作战指挥室？这是 VUCA，也就是"易变（volatility）、不确定（uncertainty）、复杂（complexity）、模糊（ambiguity）"的战争局势对沟通效率的变态要求的倒逼。

军事往往是最新科技、战略和管理方法的源头。作战指挥室，后来被用在企业管理中，管理人员逐渐达成共识：外部越是剧烈变化，内部越要集中办公。

2012年8月，苏宁副董事长孙为民说："不赚钱，也要堵截京东。"也许就是这句话，掀起了电商史上最惨烈的一次价格战。

8月13日晚，京东董事长刘强东发布微博："今晚，莫名其妙地兴奋。"第二天一早，刘强东再次发布微博："京东大家电三年内零毛利！三年内，任何采销人员加上哪怕一元的毛利，立即辞退！"当天，京东把一间会议室改为"打苏宁指挥部"。

这个"打苏宁指挥部"，就是一个作战指挥室，由刘强东亲自挂帅，包括12个市场、公关、销售、大家电等部门的成员，时刻关注微博等网络用户和对手的动向，及时制定策略。

根据作战指挥室提供的情报，刘强东宣布了"零毛利"方案：全国招收5 000名美、苏价格情报员，任何客户到国美、苏宁购买大家电时，拿出手机用京东客户端比价，如果同样的商品，京东的定价便宜数额不足10%，情报员现场发券，确保定价便宜10%。

几天后，苏宁易购三周年庆，刘强东连发四条微博，招招致命，发起狙击，引起苏宁易购的反击、国美的参战。最终国家发改委出面，叫停了这场价格大战。

京东如此犀利又咄咄逼人的进攻，跟快速汇聚信息、瞬时做出决策的作战指挥室有密切关系。

京东作为行业巨头，打的是"项目战"；作为初创公司，打的是"创业战"。创业公司的办公室，就是作战指挥室，所有人必须坐在一起，确保"变态级"的沟通效率。

建立作战指挥室，为特定项目提供"变态级"的沟通效率，要注意什么呢？

第一，专用的作战指挥室。

不要在公用会议室门口贴上"作战指挥室"标签，然后有空才来开会。这起不到"变态级沟通效率"的作用。作战指挥室要专用，墙上最好贴满项目进度、最新数据、客户反馈等资料。最好让团队搬进去办公。

第二，专设的快速作战组。

"屋里只有两类人，"亚马逊组建快速作战组时说，"决策者和按动开关的人。"每个部门只选一个人，只要一种声音，因为没时间争论。

不让谁进入快速作战组同样重要。不让旁观者入队，他们会浪费时间；不让无关的高层入队，他们会徒增压力。

第三，专业的信息展示板。

商业世界中的信息和数据，就是战争中的地图和地形图。大型项目，比如天猫双十一，都有无数屏幕显示关键信息，供作战组决策。小公司或小项目组，至少要有足够多的白板，把最新的数据贴在上面。

(画重点)

作战指挥室

作战指挥室是在"易变、不确定、复杂、模糊"的商业世界中，通过强制集中办公，获得"变态级的沟通效率"。建立作战指挥室要注意三点：专用的作战指挥室、专设的快速作战组和专业的信息展示板。

第七章——
效率工具

如何随时随地、无边无际地思考

整个世界都是你的办公室

你每年读的书有100本吗

利用软件，帮助『收集篮』吃尽知识

任何时候任何地点通过任何设备访问任何文件

人生80%的问题，早就被人回答过

把基本功耍得虎虎生风

如何避免与懒惰握手言和

如何高效地休息和运动

君子性非异也，善假于物也

1. 如何随时随地、
无边无际地思考
——白板

借助白板这个工具，从"结构化的思维、有边界的思维、不能错的思维"中解放出来，随时随地、无边无际地思考。

"SWOT分析""一报还一报""复盘"等工具，其实都是流程、步骤，甚至是表格。很多时候讲"工具"，并不是指实体物品，而是指方法，这些方法是花钱买不来的，只能花时间去学。但是实体工具对个人来说也非常重要，《商业篇》《管理篇》《个人篇》的心法配以实体工具，就像给关羽配上青龙偃月刀，必定如虎添翼。

先从一个最常用的工具说起：白板。

"快速学习"中的建立模型，"商业模式画布"中的9大战略模块，"思维导图""二维四象限""Scrum"和"视觉会议"等，这些工具最终都要在白板上展现。

白板解决了思考过程中，三个非常实际的问题：

第一，相对于Word、Excel、PPT等办公软件，它能使个体从"结构化的思维"里解放出来，随心所欲地思考；

第二，相对于A4（纸张尺寸）纸，它能使个体从"有边界的思维"里解放出来，在广阔的空间里舒展、连接；

第三，相对于翻页纸，它能使个体从"不能错的思维"里解放出来，想到就写，写错就擦，擦了再来。

怎么利用这个看上去平淡无奇，其实不断创造神奇的白板，让自己走到哪儿，就能思考到哪儿、发散到哪儿、创新到哪儿？

最简单的方式，是买一个可移动的白板架，或者买一块白板挂在会议室墙上。

但是，对于需要大量思考和协作的团队来说，这远远不够。可以试着用白板装修办公室。

如果办公室较小，最适合做成白板的是柜门。用白色毛玻璃包边做成书柜、办公柜的门，就能大大增加思考空间。

如果办公室很大，最好的办法是把所有结构立柱的四面包上白色毛玻璃，做成白板。坐在立柱旁边的小组，不用预定会议室，随时可以开会讨论，极大地提高沟通效率。

如果办公室再大点儿，有专门的创意空间，可以把所有没有窗户的墙都做成白板。走进这个空间，一定能释放无边无际的创造力，沉浸在创意的海洋里。

如果对白板思考有重度依赖，可以在家里也装上白板。如果觉得办公室白板太冷硬，可以试试用黑色烤漆玻璃做的黑板。

还可以把白板漆刷在物体上，自由作画、擦洗。

如果要求更高，希望能随时随地、无边无际地思考，可以随身携带静电白板贴。静电白板贴是一卷薄薄的白板纸，拉开后稍微用力，就可以撕成整张的白板纸，靠静电吸附在墙上。写完后，可以把白板纸揭下来，不会对墙体产生任何破坏。

白板本身没有价值，赋予它思考的意义，它就有了随时随地、无边无际的价值。

(画重点)

白板

白板这个看上去平淡无奇，其实不断创造神奇的工具，可以把我们从"结构化的思维、有边界的思维、不能错的思维"中解放出来，帮助我们随时随地、无边无际地思考。

2. 整个世界都是
你的办公室
——移动办公

对于经常出差的人来说，借助有效工具在碎片时间移动办公非常重要。大屏手机、蓝牙键盘、手机支架，能营造类电脑办公环境。

飞机又晚点了。一个出差的人傻傻地坐在候机大厅，越想越气，忍不住和地勤人员大吵了一架。飞机终于起飞，他百无聊赖，把飞机上的杂志翻了又翻，然后就不知道做什么好了。其实每当这些时候，他如果有更重要的事情可做，能充分利用旅途中的碎片时间，就不会这么焦躁和无聊了。

从2006年开始，我每年要坐100多次飞机，甚至一年中有将近200天不在家。所以，利用工具在碎片时间移动办公，对我来说特别重要。下面分享几个我常用的移动办公工具。

第一，带手写笔的平板电脑。

白板能克服"结构化的思维、有边界的思维、不能错的思维"，释放创造力。在机场休息室可以用静电白板贴。在飞机上，可以用带手写笔的平板电脑，在上面写写画画，创作思考。

我使用的是微软的Surface Pro 4平板电脑，借助OneNote软件创造白板环境。如果喜欢苹果品牌，可以考虑iPad Pro（平板电脑），也能实现类似效果。

其他优秀品牌的平板电脑、笔记本电脑也有不少，但因为不能手写，对我来说没有明显吸引力。

第二，大屏手机+蓝牙键盘+手机支架。

有时去某个城市出差，当天来回，或在本市参加重要会议，平板电脑太重了，不想带怎么办呢？

对于像我这样的人，有大量文字工作，比如在等候会议开始时，写一段文字素材；在会议开始之后奋笔疾书，记录会议要点，就可以试试"大屏手机+蓝牙键盘+手机支架"的组合。

首先是大屏手机。多大的屏才叫"大"，每个人的感觉可能不同。最重要的是，把手机立在桌子上，可以便捷有效地代替电脑。对我来说，屏幕在5.5英寸以上的手机，才更适合长时间工作。

其次是蓝牙键盘。如果只是回几条微信，发几条朋友圈，没有实体键盘，也不会有不顺手的感觉。但把大屏手机当电脑用，当需要进行大量文字输入时，就会感受到一个全尺寸的键盘有多重要。

我会随身携带一个可折叠的全尺寸蓝牙键盘。找个地方坐下来，把大屏手机竖立在手机支架上，像变形金刚一样打开折叠键盘，开始输入，又方便又酷，还能极大提高输入效率。

最后是手机支架。为了把手机当电脑用，还需要一个手机支架。很多人喜欢指环式支架，但我并不推荐。指环式支架只能让手机横立，横屏只适合看视频。指环式支架是娱乐用的，工作用的支架必须让手机竖立在桌上。

我的手机支架，不用时就像一张信用卡，可以放在钱包里。坐下来后，从钱包里拿出手机支架，从口袋里拿出蓝牙键盘，瞬间就能创造一个办公环境。这套移动办公系统，可以极大地提高工作效率，充分利用碎片时间。

第三，蓝牙耳机手环+电话会议音响+主动降噪耳机。

我每天要打很多电话。为了健康，离手机远一点儿，我通常用蓝牙耳机。可我常常在吃饭时，接完电话把蓝牙耳机往桌上一放，就忘拿了。华为出了一款可以当蓝牙耳机的智能手环 TalkBand，接听电话，从手腕上取下耳机；接完电话，再放回手腕上。

有时除了打电话，我还要在酒店开电话会议。在微软工作时，会议室有电话会议系统，在很大的会议室中，即便不直接对着麦克风说话，对方也听得很清楚。我一直希望能把这套会议系统随身携带。后来有了蓝牙音响，这个问题就解决了。把手机跟蓝牙音响连接，就可以对着空气轻松开会，不需要对着麦克风声嘶力竭。

我的行程非常满，飞机、高铁、汽车上的时间是非常重要的休息时间，我希望自己下了飞机就能精力充沛，可是飞机的轰鸣声很大，很影响休息。后来我使用了BOSE（耳机品牌）的主动降噪耳机，它不是把耳朵塞得更紧，而是利用科技对冲掉外界的声音，营造几乎完全安静的环境。戴上耳机，播放一段《小桥流水》，就可以在飞机、高铁、汽车上安心睡觉了。

(画重点)

移动办公

移动办公，可以使用三套工具：1. 带手写笔的平板电脑，把创造性思维拓展到旅途中；2. 大屏手机+蓝牙键盘+手机支架，营造类电脑办公环境；3. 蓝牙耳机手环+电话会议音响+主动降噪耳机，营造更健康、轻松、有效的音频环境。

3. 你每年读的书

有100本吗

——电子阅读器

越是在碎片化时代，越是要系统性读书。组合使用多种电子阅读器，高效获取知识。

在《刘润·5分钟商学院》的线下课上，我向学员们推荐了一份精挑细选的书单，包含20本我认为非常值得阅读的，有助于对变化的商业世界认识升级的书籍，并希望学员尽量在1年之内读完。

很多学员看到书单，哇的一声惊叹："一年之内读完，也就是两周读一本，我这么忙，哪有时间啊！"

其实我也很忙。但是，我一年中用各种方式读的书不少于

100本。在碎片化信息、标题党文章泛滥的时代，读书反而越来越重要。正规出版的书籍里的知识，相对来说更经得起推敲，更体系化。

怎样才能高效地读书呢？下面介绍一下我使用的读书工具：电子阅读器。

第一，能读电子书，不读纸质书。

电子书好还是纸质书好？常听到有人这样说："电子书不符合我的习惯，没有拿在手里的质感，闻不到墨香，没有翻书的过程，听不到翻书的声音，不能在上面圈圈点点，实在是很别扭。而且，看电子书，万一没电了怎么办？"

这就是习惯。习惯是多年形成的让自己感到舒适的行为。如果以"享受阅读体验"为目的，当然可以在一个阳光明媚的下午，在花香和墨香交融的后花园，捧一本小说，品一口咖啡，读一段人生。但是，如果以"高效获取知识"为目的，我个人建议改掉读纸质书的习惯。读电子书给我带来很多明显的好处。

首先，阅读量提升。以前出差时，我会带一两本书放在行李箱里。不但重，也不方便随时阅读。读电子书，可以随买随看，既充分利用碎片时间，也大大提高了阅读量。

其次，笔记可搜索。在纸质书上做了很多笔记，然后满足地把书放回书架。过一段时间，这些笔记可能就找不到了。在纸质书上做的笔记易存不易取。但用电子书做笔记就非常方便，而且电子书带有搜索功能，可以随时查阅笔记。

最后，互动性加强。在电子书中，可以看到书中的某一句话被多少人标记过；可以看到其他读者对这本书的评论；还可以把看书过程中所做的读书笔记随手分享到朋友圈，和朋友讨论、互动，更深刻地理解这本书的内容。

如果读书的目的是"高效获取知识"，那就把纸质书当成个人癖好去享受，把电子书当成效率工具去掌握。

第二，选择好的电子阅读器。

推荐三个电子阅读器：得到、多看阅读和Kindle。这三个阅读器各有特色，彼此补充，可以结合使用。

得到APP里我最喜欢的功能之一是"每天听本书"。坐车、走路、候机时，用二三十分钟的零散时间听完一本书的解读，非常高效，奠定了我一年200~300本书的基础涉猎量，极大地拓展了我的知识边界。

如果听到的某本书很值得精读，我就会在多看阅读上购买这本书的电子版，仔细阅读。多看阅读的阅读体验很不错，尤其是这三个功能对我来说特别重要：语音朗读全书、笔记自动同步、分享到朋友圈。笔记自动同步功能，可以把我标注的每一个句子，写的每一条感悟，自动同步到印象笔记。

有些书是得到、多看阅读都没有的，我会去亚马逊购买。因为和出版社的密切合作关系，亚马逊的电子书是最全的。亚马逊更大的优点是电子墨水阅读器Kindle。Kindle的显示原理和纸质书一样，都是通过自然光反射阅读，对眼睛有一定程度的保护。另外，在飞机上不能用手机，但可以用Kindle。

图书最全，又不伤眼睛，为什么不把Kindle列为首选电子阅读器呢？这是因为在Kindle上做的笔记，不能自动同步到印象笔记，更不容易分享到朋友圈。这是Kindle的一个遗憾。

组合使用得到、多看阅读、Kindle这三个电子阅读器，我每年的阅读量至少是100本书。

画重点

电子阅读器

越是在碎片化时代，越是要系统性读书。怎样从书中高效获取知识？我建议：能读电子书，不读纸质书；组合使用多种电子阅读器，在得到上"每天听本书"，利用多看阅读的"语音朗读全书、笔记自动同步、分享到朋友圈"，用Kindle在飞机上享受读书的乐趣。

4. 利用软件，帮助
"收集篮"吃尽知识
——知识管理

> 借助工具，从电子邮件、微信、微博、网页新闻等一切地方收集有价值的知识，完全收集之后才能完善处理和完整回顾。

"让大脑用来思考，而不是记事"这一节介绍了一套"收集、处理、回顾"的方法论：GTD（Get Things Done，完成每一件事）。在"收集"这一步，印象笔记就相当于"大脑的外接移动硬盘"，把什么都往里装，从而清空大脑，再忙也不焦虑，专注于思考。

但是，这个"收集篮"听上去很好，怎样才能做到"什么都往里装"呢？一份真实的纸质文件，怎样才能放到虚拟的印象笔记里呢？还有名片、白板笔记、电子邮件、微信文章、网页新闻，又怎么放到印象笔记里呢？

想要用好GTD，"收集"是第一步，也是整个GTD的基础。如果不能把"一切"都装进收集篮，GTD会逐渐失去价值和意义。可是怎样才能把"一切"都装进收集篮呢？下面介绍一些实用的工具。

第一，手机扫描仪。

想把供应商的纸质提案文件扫描进电脑，在出差途中看，怎么办？用扫描仪？大部分中小公司，基本可以告别扫描仪了。试试手机扫描工具。

我常用微软的一款手机扫描软件Office Lens。打开Office Lens，对准文档，手机会自动识别文件边界。点击"拍照"，文件会自动被抓取出来。

国内也有一款非常优秀的手机扫描软件，叫"扫描全能王"。在办公室、家里、机场休息室，我都会在白板上记录思考内容，怎样才能把这些白板笔记放进收集篮呢？可以打开扫描全能王，对准白板，它会自动识别白板边界。点击"拍照"，就能看到把角度摆正、拉平、做过增强和锐化的白板图。

Office Lens会把所有扫描文件自动同步到OneNote，扫描全能王会把所有扫描文件自动同步到印象笔记。

值得一提的是，印象笔记支持在图片里搜索文字。比如，在印象笔记里搜索"创新"这两个字，刚刚从扫描全能王同步过来的白板图就会显示出来。而且，图片中我手写的非常潦草的"创新"两个字，都会被高亮标记。

第二，名片识别软件。

印象笔记的高级用户可以直接把印象笔记当成名片识别软件，把名片扫描进手机，同时存在印象笔记和手机联系人中。

更神奇的是，如果这张名片的主人有领英账户，它会自动从领英账户获取这个人的最新信息，甚至可以扫描旧名片，获得新信息。

第三，其他各种收集器。

电子邮件怎么收集呢？每个印象笔记账户都有一个对应的邮件地址。收到电子邮件，把它转发到对应的邮件地址，这封邮件就被放入收集篮了。如果觉得邮件地址不好记，可以建立一个名为"我的印象笔记"的联系人，转发邮件时抄送这个名字就可以了。

微信文章怎么收集呢？在微信里，搜索并关注"我的印象笔记"公众号，按照提示把微信账号和印象笔记账户相关联。以后看到值得收藏的文章，就可以一键放进印象笔记了。

微博文章怎么收集呢？也可以把微博账号和印象笔记相关联。看到任何想收藏的微博，在这条微博下面留言"@我的印象笔记"，这条微博就会自动同步到印象笔记里。

网页新闻怎么收集呢？可以在浏览器上装一个"印象笔记·剪藏"的插件，浏览网页时，看到任何有价值的文章，一点图标，就可以把这个网页的内容剪藏到印象笔记。

　　这些信息收集工具，目的都是为了让收集篮开口足够大，让印象笔记（或者其他类似软件）作为唯一的中心，管理所有的知识。完全收集之后，才能完善处理和完整回顾。

画重点

知识管理

怎样才能把印象笔记变为真正的知识管理工具呢？在"收集、处理、回顾"三步中，收集篮开口要足够大，真正做到"大肚能容，吃尽线上线下所有知识"。怎么做呢？可以用手机扫描软件，扫描文件；用名片识别软件，识别名片；用各种支持印象笔记的插件，从电子邮件、微信、微博、网站等一切地方收集知识。

5. 任何时候任何地点通过任何设备访问任何文件

——云服务

把所有文件存在云端，是提高移动办公效率，及时响应客户需求的第一要义。这和把钱存银行、带着信用卡出门，是一个逻辑。

某员工在外面办事，突然接到客户电话："你昨天发给我的报价文件打不开，再发一遍给我吧。"员工说："好的。但我现在在外面，回到办公室发给你可以吗？"客户说："不行啊，待会儿要和领导讨论，争取一次通过。"

可是，文件不在手边，手上的事又没办完，怎么办？

这种尴尬在很多人的工作中经常出现。为什么只能"回到办公室发给你"？因为文件可能在办公室电脑、笔记本电脑或某台移动设备上，这些设备就好像一座座孤岛。这一点儿都不奇怪，在互联网到来之前的IT时代，信息主要都存储在"孤岛"上。

但到了移动互联网时代，如果文件还存储在"孤岛"上，就说不过去了。为了提高商业、管理、个人效率，应该尝试一下早已如日中天的技术：云。

什么是云？简单来说，云是指把数据托管在可信赖的、随时随地可存取的第三方。

为什么能随时随地接收电子邮件？这是因为邮件不在电脑和手机上，而是在某个"可信赖的、随时随地可存取的第三方"，也就是云上，比如微软在香港的服务器。

印象笔记里的内容存在哪儿？在手机里吗？在电脑里吗？都不是。手机和电脑上的印象笔记软件都只是查看收集篮的界面。这个收集篮其实存储在北京的某个机房，也就是某朵云上。

下面介绍几个常用的通过云来实现"随时随地访问"的工具。

第一，随时随地访问文件。

把所有文件储存在云端，是提高移动办公效率，及时响应客户需求的第一要义。这和把钱存银行，带着信用卡出门，而不是藏在鞋垫下面，是一个逻辑。

我最常用的云存储软件是百度网盘。它可以在不需要人工操作的情况下，把所有设备上指定目录的文件自动同步到云端。

比如，我的大部分录音是在电脑上录制的。录制完成后，这份录音就会自动同步到百度云上。如果我在高铁上，产品经理需要某一节课程的原始录音，我用手机上的百度网盘找到这个录音，在电话挂断之前，这个文件就发给他了。

同时，百度网盘也会随时随地把我随手拍的照片、临时录音的思路，或者任何指定文件，自动同步到云端。微软的OneDrive（云存储服务）或小米的云服务都能实现类似功能。

第二，随时随地访问照片。

拍照的目的，不仅是发朋友圈，常常也是工作需要。把所有照片同步到云端，可以解决至少两个问题。

第一个问题是分享。我把手机上的所有照片设置为自动同步到小米云服务。比如我在南极旅行，拍了张很可爱的企鹅，这张照片就会自动同步到云上。我在云上建一个"父母相册"，当我把这张照片移到"父母相册"时，地球另一边正在看小米电视的父母，就会收到"有一张新照片要不要看"的提示。用遥控器选择"看"，就能用电视看到我几秒钟前拍的照片了。

第二个问题是识别。小米云服务可以自动对照片进行面部识别。只要标记过一次这个人的名字，这个人所有的照片都会被自动标记。下次见面之前，在相册里搜一下对方的名字，就能看到他的所有照片。什么时候见过面，一起参加过什么活动，原来和另一个人也彼此认识，一目了然。聊天时自然就有话题了。

iPhone（苹果手机）从iOS10（由苹果公司开发的移动操作系统）开始，也有了面部识别功能。

第三，随时随地访问一切。

除了文件、照片，还可以在对安全有充分认识的情况下，把一切需要的资料同步到云端。比如短信、联系人、QQ（腾讯软件）聊天记录、正在写作的文档等。

但是，便捷性和安全性永远是需要平衡的统一体。每家公司都有自己的文件安全策略，在把文件放上云端，获得便捷性的同时，一定要遵守公司的安全性要求。

个人在使用云服务时，要对网络安全有清晰的认识。避免在所有互联网平台用同一个用户名和密码，过分依赖云端。

（画重点）

云服务

随时随地访问文件、照片和其他一切资料，将极大地提高商业、管理、个人的效率。可以用百度网盘同步文件，用小米云服务同步照片，用QQ同步助手同步短信、联系人等。

6. 人生80%的问题，
早就被人回答过
——搜索工具

> 搜索能力是互联网时代的必修技能。人生80%的问题，早就被人回答过，只要搜索就好，剩下20%才需要研究。

有时我会在朋友圈、微博分享读书感受，很多朋友会参与讨论，非常有价值。直到我看到这样的留言：请问这本书在哪儿买？我哑口无言。有时我心情好，会回两个字：当当。这时，他会跟一句：可以给个购买链接吗？不出意外的话，他已经被我拉黑了。

这样的人，大多是互联网时代的移民。在传统时代，他们的信息是通过"别人给"的方式获得，比如读报纸、看电视。但到了互联网时代，面对海量的信息，他们还没有进化出"自己拿"的能力。

从"别人给"进化到"自己拿"的能力，就是搜索能力。

过去20年，微软为了提高产品质量，鼓励每个工程师解决问题后，按照"症状—原因—解决方案"的处方逻辑写成文章，存入知识库。这个知识库有上百万篇"处方"。微软的工程师都被培训过一种特殊技能，就是一边与用户通话，一边在知识库中搜索，找到对症的"处方"。

"请打开事件日志，看看有没有红色的错误……有，好，请告诉我事件编号。"工程师一边说，一边在知识库里搜索"事件编号"，找到200篇文章。

"请问你的产品版本是？"过滤出50篇文章，眼睛一扫标题，大概是3类问题。

"你最近有没有装一款叫××的软件呢？"没有？还有10篇。

"你最近做过……这项操作吗？"也没有？还有2篇。迅速打开扫一眼"症状—原因—解决方案"。

"你看看这个目录，是不是清空了？是的。好，请你根据我的提示，做下面几个操作……好了是吗？没问题，不用谢。感谢您致电微软。"

这就是搜索能力。人生中80%的问题，早就被人回答过，只要搜索就好，剩下的20%才需要研究。

在互联网时代，搜索技能更为重要。怎样才能从"伸手党"进化为"搜索高手"，获得80%的已知答案呢？

第一，掌握搜索技巧。

最简单的搜索技巧，就是"-"（减号）。比如搜索"克林顿"，但好几页都有关"莱温斯基"，那么，搜索"克林顿-莱温斯基"，就可以搜到那些没有莱温斯基的页面了。

再比如搜索减肥的相关内容，每个人的提法不同，有的叫瘦身，有的叫减重。怎么办？搜索"减肥|瘦身|减重"，包含这三个词之一的文章就都被搜出来了。

但这也太多了吧？在正文中提到这些词的文章，都不是想看的，只有在标题中提到，比如"瘦身的25个方法"才是真正想看的。怎么办？搜索"减肥|瘦身|减重intitle"。"intitle"的意思是：关键词出现在标题中。这样可以筛选掉关键词没有出现在标题中的文章。

再比如搜索有关宇宙大爆炸的学术文献。输入"宇宙大爆炸"，各种八卦、新闻充斥屏幕。怎么办？很多学术文章的格式都是PDF（便携式文件格式），可以搜"宇宙大爆炸filetype（文件类型）：PDF"。这样，只有包含"宇宙大爆炸"的PDF文件才会出现。

第二，善用关键词。

掌握搜索工具的技巧，还不够。真正"自己拿"的核心，是选对搜索的关键词。

有一天，我坐在布艺沙发上看书、喝茶，突然觉得茶杯放桌子上很不方便，要是能放在沙发扶手上就好了。可扶手是布的，如果有个托盘就好了。但不同沙发的扶手宽度不同，托盘如果能扣在扶手上就好了。我不知道这个世界上有没有这样的产品。怎么办？搜索。

我打开淘宝网，在搜索栏输入"沙发　扶手　托架"，找到了材质为塑料的产品。但这不是我想要的。我希望托盘的材质是木头，于是我把关键词改为"沙发　扶手　托架　木"，找到了材质为木质的一款产品。

但这还不是我想要的。不同沙发扶手的大小不同，这款产品的宽度是固定的，无法随机调节以适合不同大小的沙发扶手。但我因此知道了"沙发　扶手"是淘宝卖家对这一类产品的通称。所以，我继续修改关键词为"沙发　扶手　木垫"。然后，与我脑海中设想的一模一样的扶手出现在眼前，太神奇了。我立刻下了单。

从不知道有没有这样的产品，到最后买回办公室，这完全依靠选择、修改关键词，利用搜索工具。

搜索工具

搜索能力，是我们从传统世界的"别人给"，进化到互联网世界的"自己拿"，找到这个世界80%已知答案的必修技能。怎么提高搜索能力呢？第一，熟练使用搜索技巧，比如"-"、"|"、"intitle"和"filetype"等；第二，巧妙选择、修改关键词，不断接近答案。

7. 把基本功耍得
虎虎生风
——邮件、日历、联系人

> 邮件、日历、联系人，是互联网时代商务人士的战马、盔甲和长矛，一样都不能丢。把它们用到极致，会拥有神奇的效率。

　　每次收到这样的微信"对不起，我手机丢了，联系人都没了。请把你的联系信息发给我，谢谢。"我内心都会忍不住吐槽：手机丢了不要紧，联系人也能一起丢？

　　邮件、日历、联系人，是互联网时代商务人士的战马、盔甲和长矛，一样都不能丢。

　　拿起手机，我能立刻查到过去20年每个人发给我的邮件，看到5 761个联系人的联系信息，以及在16年前的某个下午，几点几分，谁曾和我在哪儿开过多久的会，讨论了什么。

手机丢了？没关系。买个新手机，花两分钟设置，5 761个联系人就全部回到了手机里。一切信息，在任何时间、任何地点，通过任何设备，都唾手可得。

怎么做到的？下面讲一讲我的方法。

第一，邮件。

要记住两点。

1. 作为商务人士，千万不要使用免费邮箱。名片上留QQ邮箱，非常不职业化。应该申请专门的公司邮件后缀，表明自己创业是认真的，企业是正规的。谷歌的邮箱后缀是google.com，腾讯的邮箱后缀是tencent.com，都不是免费邮箱。

2. 保留所有历史邮件。美国的《萨班斯法案》要求在美上市公司保留电子邮件至少5年。我用它要求自己，保留了过去近20年的邮件。通过搜索，可以随时、瞬间调取历史邮件，提高沟通效率。

第二，日历。

邮件存在"邮件服务器"，日历、联系人同样存在服务器。使用不提供云端存储的日历、联系人工具，是一个必须改掉的坏习惯。

要把一切事情，都放进日历。

有同事邀请你开会？请他用邮件发"会议邀请"，点击"接受",日历中就会多出一条日程。

定了航班,收到短信、邮件确认?把航班、酒店、信用卡还款信息等,变成一条条日程,放进日历。

想在周五下午闭关两小时,专心思考?也加一条到日历中。

我的时间颗粒度是30分钟,我会把所有占用时间的事放进日历。当同事问我:"周三下午有半小时时间开会吗?"我会立刻打开邮件客户端查看日历,然后回答:"2点到3点可以,发个会议邀请给我。"收到邀请,我会把日程标为红色。红色表示重要且紧急的事,蓝色表示重要但不紧急的事。

周三下午2点快到了,提前15分钟,手机提醒我:15分钟后,在三楼会议室开会。

提醒非常重要。约了会议,把提醒设为提前15分钟;约了晚饭,设为提前1小时;定了航班,设为提前2小时;朋友生日,设为当天早上10点。

微软的Office 365还可以请助理帮忙安排行程。清晨,手机响起,一则行程跳出:1.5小时后,司机来酒店接我去客户办公室。在这之前,我需要吃早餐、退房。退房时需要的发票抬头、税号、司机电话、客户联系人姓名、职位,都在这则日程中。

这就是日程管理,这就是效率。

第三,联系人。

从1998年开始,我坚持把联系人信息都存在云端,我的联系人现在已经有5 761人了。坦白说，我记不住每个人，但是联系人工具可以。很久没联系的人给我打电话，我拿起手机就说："×××，好久不见啊。"他非常惊讶："这么久没联系，你还记得我啊？"

使用联系人工具要注意以下几点。

第一，输入电话号码时，一定要加上国别、区号。比如上海的固定电话：61888888。在名片上这么印电话的人没有国际视野，我们在手机里要把电话号码存为"+86(21)61888888"。因为如果在美国，拨打61888888，是拨不到上海的。

第二，有时看到名字想不起来是谁，怎么办？认识新朋友之后，可以和他合张影，然后把他的头像存入联系人。这样，当他打来电话时，手机屏幕上就会出现他的照片。

第三，如果正好知道朋友生日，也把它记入联系人工具，输入到"生日"条目。每年的这一天，就会有条"日程"是他的生日。再把提醒设为当天上午10点。提醒响起，就可以给朋友发生日祝福了。

第四，如果碰巧知道朋友的结婚纪念日、孩子生日，或者爱吃的食物，一切有关信息，都可以存入联系人工具里。下次想吃火锅，在联系人里一搜"火锅"，同好就出现了。

把最基础的"邮件、日历、联系人"用到极致，会拥有神奇的效率。

邮件、日历、联系人

1. 使用商业邮箱，不使用免费邮箱；2. 保留所有电子邮件，随时可查；3. 把一切事情放入日程；4. 善用日程提醒功能；5. 保存联系人的电话号码时要带国别、区号、照片；6. 记住联系人的生日、结婚纪念日、孩子生日、爱好等相关信息。

8. 如何避免与懒惰握手言和
——协同软件

借助Teambition等流水线一样的协同软件，可以让所有人的个体进度服从整体进度，高效向前。

先来做个小小的复盘。

在某个会议上，CEO给负责产品的副总裁交代了一个任务：去德国考察。某天，CEO问副总裁进展如何，副总裁说："啊？我正在忙质量改进的事，还没空想这件事，真要去考察啊？"交代的事情，没有下文，怎么办？

PDCA循环，可以避免石沉大海，以及拳头打在棉花上的无力感。

老板把目标分解成任务，把任务分配给员工。任务结束后，老板对结果不满意，要打分评估一下。满分1分，老板给员工打了0.3分，但员工给自己打了0.9分。为什么会这样？这是因为大家对任务和完成任务的标准认识不统一。怎么办？

SMART原则，可以砍掉模棱两可，砍掉标准争议，砍掉不切实际，砍掉无关目标，砍掉无限拖延，把"一千个人心中的一千个哈姆雷特"变成同一个。

某团队负责人特别想自律，也特别想借助"他律"的方法，把最后期限作为第一生产力，一段一段地冲刺，但他和他的团队总是与懒惰"握手言和"。怎么办？

Scrum方法，可以把一次漫长的长跑分割成一段段全力以赴的冲刺，通过流程提高效率。

某老板学习了PDCA循环、SMART原则、Scrum方法之后，深受触动，当下决定运用到自己的团队管理中，但却迟迟没有行动。

为什么会这样？

工具分为两种，一种是想用就用的"主动工具"，比如螺丝刀。想用就拿出来，不想用也可以不用。另一种是不用不行的"被动工具"，比如流水线。配件在传送带上一直往前走，无法叫停整体进度，唯有配合。

PDCA循环、SMART原则、 Scrum方法，都是主动工具。只有把主动工具放到协同软件这种流水线一样的被动工具上，才能让个体进度服从整体进度，高效向前。

下面介绍一款我正在使用的协同软件Teambition，以它为例，介绍协同软件的价值。

第一，自动化的PDCA循环。

某团队负责人突然有个想法，想安排员工去执行，可以用微信说一段语音，或写两句文字。但是，这样做会有两个风险：1. 团队负责人会忘掉；2. 员工会忘掉。他们很可能都不会"主动"想起来。

那怎么办？在Teambition中，创建一个"任务"，设好3W（Who do What by When），也就是：执行者、任务内容、截止时间。

员工收到"新任务提醒"后，可以把任务从"待处理"泳道拖到"进行中"泳道。"泳道"是协同软件中的行话，意思是一个个步骤，就像游泳池的一条条独立泳道。所有任务，最终只能被完成，或者被取消，不能被忘掉。

第二，强制化的SMART原则。

在Teambition或者类似的协同软件中，都可以设定每个任务的截止时间，这就强制设定了SMART原则中的T：Time - based。

还可以在任务模板里，专门定义S - M - A - R四个字段，要求每一项任务都强制符合SMART原则，否则无法创建。

第三，可视化的Scrum方法。

在Scrum方法这一节中，我把办公室的一面白板做成Scrum冲刺看板，团队员工每天站在看板前，开15分钟的每日站会。

协同软件可以用软件代替白板。用软件替代白板最大的好处，是把Scrum的冲刺看板从人调整便签的"主动工具"变成软件提醒的"被动工具"。可视化程度和工作效率都会大大提高。

当然，除了Teambition，还有很多其他不错的协同软件，比如Trello（团队协作软件）、Worktile（团队协同工具）、Tower（团队协作工具），都各有特色。团队可以根据自己的情况，选择使用。

使用协同软件的目的，始终是提高团队的协作效率。它可以解决至少5个问题：

1. 人工管理成本高，工作反馈延误；

2. 口头布置工作，理解不透彻，容易遗漏，无据可依，无法问责；

3. 工作分解，多人执行，无法追踪；

4. 无法了解间接下属的工作情况；

5. 计划赶不上变化，过程不可控。

协同软件

PDCA循环、SMART原则、Scrum方法，这些工具都很有用。但是，只有把这些主动工具放到协同软件这种流水线一样的被动工具上，才能让个体进度服从整体进度，高效向前。建议公司尝试Teambition、Trello、Worktile、Tower等协同软件，提升团队的协作效率。

9. 如何高效地
休息和运动
——休息、运动

工作重要，生活重要，休息和运动也很重要。初级商业人士拼体能，中级商业人士拼技能，顶级商业人士又回到拼体能。

曾经有人问我："你这么忙，周末日程都安排得这么满，怎么平衡工作和生活呢？"

在很多人看来，6点之前是工作，6点之后是生活；周五之前是工作，周六开始是生活。如果不能平衡，就会很累。

我的观点可能大多数人未必同意。把工作放在生活的对立面时，希望工作和生活"平衡"；可是，把工作当成生活的一部分时，就会希望工作和生活"整合"。比如，有些人觉得看电影是生活，可是我觉得工作比看电影更生活。

这世上的事情，不分工作还是生活，只分喜欢做还是不喜欢做，值得做还是不值得做，有能力做还是没能力做。把喜欢的、值得的、有能力做的事当成目标，把赚钱当成结果，就会发现工作甜似生活，否则，生活苦如工作。

真正需要平衡的，不是工作和生活，而是工作、生活和它们的对立面——休息。工作辛苦，生活也很辛苦。感觉累的人，不是生活少了，而是休息少了。正如列宁所说：不懂休息的人，就不会工作。

下面介绍一下在繁忙的工作和生活中，我常用的帮助自己有效休息的工具。

第一，白噪音软件。

充足的睡眠是最好的良药。以前我每天能睡10~12个小时。即便现在，我每天也能保证7~8个小时睡眠时间。

怎么做到的呢？白噪音软件对我有不小的帮助。

科学家发现，人类几乎无法在零噪音的环境里生存，有实验表明，人类在消音房间里待5分钟，耳膜就会开始疼。那种均匀的、类似于电视雪花音的白噪音，相对于特别安静的环境来说，反而有助于放松和睡眠。

我常用的白噪音软件叫Relaxio，里面除了电视雪花音之外，还有下雨、刮风、流水、火车、咖啡厅等日常环境噪音。当我在安静的房间里，听着白噪音软件模拟出来的电闪雷鸣和雨水打在窗户上的噼里啪啦声，更容易放松下来，快速进入睡眠。

第二，眼罩+降噪耳机。

在旅途中，尤其是在交通工具上，如何充分休息呢？

我每年出差的时间特别多。在飞机、高铁、汽车上睡觉，是咨询顾问的必备技能。在旅途中，营造黑夜环境，是入睡的要点。为了能在交通工具上快速入睡，并拥有高质量的睡眠，我会随身携带一个眼罩，营造黑夜的氛围。

这个眼罩比较特别，它一面印着"吃饭叫我"，另一面印着"吃饭别叫我"。至于哪一面朝外，看情况而定。

另外，我还会随身带几片一次性蒸汽眼罩。眼罩打开后，能用比较舒服的温度，自动发热20分钟左右。

在"移动办公"那一节里提到过"主动降噪耳机"，戴上眼罩，戴上主动降噪耳机，耳机里播放着泉水击打碎石的叮咚声，轻松入眠。

第三，跳绳。

更好的休息方式是运动。

张展晖在得到APP开设的课程《有效管理你的健康》里提到，健身有四个目的：减肥、增加身体柔韧度、增大肌肉和训练心肺功能。这四个目的中，最关乎健康的，其实是训练心肺功能。

心肺功能相当于汽车的"排量"。排量5.0的车，在高速公路上就比排量1.6的车性能更好，更有可操控性。同样道理，心肺功能越好的人，越能轻松驾驭一天的工作。

训练心肺功能，跑步、游泳是不错的方式。但对于时间颗粒度极小的我来说，跑步、游泳的效率实在是太低了。

那怎么办呢？我做了不少研究，也请教了很多专家，最后选择了从训练心肺功能角度来看，效率更高的运动方式：跳绳。跳绳5分钟，相当于慢跑半小时。姿势正确的话，跳绳对膝盖的伤害只有跑步的七分之一。

（画重点）

休息、运动

工作重要，生活重要，休息和运动也很重要。怎样才能更好地休息和运动呢？推荐三个工具：1. 白噪音软件，帮助睡眠；2. 眼罩、蒸汽眼罩、主动降噪耳机，帮助我们在旅途中休息；3. 跳绳，高效训练心肺功能，增加"排量"。

10. 君子性非异也，
善假于物也
——我的一天

> 很多提高效率的工具，买了之后一定要
> 用起来，体会工具背后对效率孜孜以求
> 的心态。君子性非异也，善假于物也。

使用提高效率的工具，要感受对效率孜孜以求的心态和"君子性非异也，善假于物也"的状态。下面讲讲我的一天是如何借助这些工具，提高效率的。

早上7点，闹钟响起，新的一天开始了。我看了一眼手机里的日历——7：30有车来接我坐9：30的航班去北京。

有30分钟的时间准备出门，这太宽裕了。我对智能音响说："播放'得到知识新闻'。"然后在新闻的陪伴下，洗漱、跳绳、吃早餐，准备出门。

上车之后，我用语音输入法回复《刘润·5分钟商学院》的留言。然后回复微信、朋友圈、微博、邮件。还有时间，打开印象笔记，整理收集篮，把几十条灵感、文字、语音等资料归到"下一步行动"中。收集篮完全清空，差不多需要1小时，车也到了虹桥机场。下车时，所有工作都安排完了，一身轻松。

因为是中国东方航空的白金卡用户，我只用10分钟就到了贵宾休息室。在用贵宾身份换来的昂贵的30分钟里，我打算梳理一个新观点。我拿出平板电脑，用手写笔在上面画起了模型。广播响起，我的航班准点登机了。我把模型存入印象笔记，前往登机口。

上了飞机，我戴上主动降噪耳机，飞机的轰鸣声随之消失。打开Kindle阅读器，用"快速阅读法"，翻完4本最近想读的书。这些书都很有见地，但核心观点其实一篇文章也能讲清楚。看完书后有点儿困，我戴上眼罩，把"吃饭别叫我"那一面朝外，开始睡觉。

在飞机落地的震动中，我被摇醒了。看了一眼手腕上的智能手环，今天我累计睡了8.5小时。达标！打开手机，日程提醒跳出来，告诉我接车司机的姓名、电话和车牌号。

上车后接到一个电话，是个多年没见的老朋友。我从智能手环上取下蓝牙耳机，戴到耳朵上说："张总，好久不见啊。"他说："听说你来北京了？晚上要不要聚聚啊？"我说："稍等，我看下日程。"我用手机查完日程，说："我的助理非常擅长把我的时间排得很满。我最后一个会议是21：30结束。21：30我们在××酒店聊一会儿？"他说："好，一言为定。"

挂了电话，微信绑定的Teambition协同软件提醒我，同事又给我安排了三项工作任务。我打开任务看板，看了下新任务，然后在日程里锁死几个专门完成任务的时间。安排完工作，又回复了几条《刘润·5分钟商学院》的留言，就到了今天的活动会场。下车时，所有工作又都安排完了，一身轻松。

到达会场，主办方为我准备了快餐。我迅速吃完，进入主会场。

今天要和几位我非常尊敬的嘉宾同台演讲。坐下来后，我拿出手机支架和折叠蓝牙键盘，连上手机，认真做笔记，并存到印象笔记里。受几位嘉宾的启发，我突然有了几个灵感，迫不及待地把它们记录下来，放入收集篮。

演讲完毕，请我做顾问的客户接我去晚宴。路上的1小时，和客户讨论项目进展。聊着聊着，我问："你有没有读过最近的一份新零售分析报告？里面的数据和洞察很有价值。"他说没有。我拿出手机，打开百度网盘，把分析报告分享到客户的微信。所有资料都在手边，随时随地可分享，极大提高了我们的沟通效率。

到了晚宴现场，看到很多新老朋友。有个人和我聊天，但我心里特别抱歉，想不起他叫什么了。我说："我们合张影吧。"拍完照后，手机立刻显示出了他的姓名，并把我们以前的合影都列了出来。

晚饭后，我赶快回到房间，因为20：30有个电话会议。拿出蓝牙音响，连上手机，放松地躺进沙发，对着房间开始说话，彼此声音清晰，就像对方在房间里一样。没轮到我发言时，我就拿出跳绳运动几分钟。

21：15，手机提醒我，15分钟后要和老朋友见面。电话会议结束，我来到行政酒廊，点了杯可乐，等朋友来。他如约而至，我们一起回忆在微软的峥嵘岁月，时而唏嘘不已，时而哈哈大笑。

22：30，我已经躺在酒店的床上了。最后一次回复《刘润·5分钟商学院》的留言，清空收集篮，看Teambition看板，刷朋友圈。所有的事情都已清空，一身轻松。

为了保证睡眠，我设置了晚11点到早7点的勿扰模式。不在白名单里的电话，都不闪屏、不响铃、不振动。

到了23：00，我的手机自动进入"勿扰"状态，整个世界都安静了。我用蓝牙音响放了15分钟雨水打在窗户上的白噪音，甜甜地睡去。

充实但不焦虑的一天结束了。我不忙，我只是时间不够。

（画重点）

善假于物

君子性非异也，善假于物也。利用提高效率的工具，可以从容地工作与生活，度过充实而不焦虑的一天。

第三篇

分钟

5

第八章

未来已来

商业世界，必须要有一个中心吗

未来会不会所有商品都免费

未来的工作，会被人工智能取代吗

据说2045年，『奇点』将要临近

如果能活120岁，如何规划人生

1. 商业世界，必须要有
一个中心吗
——去中心化

以前，中心化的"星状结构"是组织资源的最有效结构。到了连接效率突飞猛进的互联网时代，去中心化的"网状结构"变得更加高效。

什么叫"去中心化"？

现代社会因为食物、水、空气的质量恶化，癌症发病率提高了。怎么办呢？可以去买大病保险，获得金融保障。可除了买保险，还有什么别的获得保障的办法吗？

举个例子，从《刘润·5分钟商学院》的十几万学员中，招募3万会员，成立"5商互助社"。只要做出"这3万会员中万一有人不幸得了癌症，我就给他捐10元钱"的承诺，就可以成为会员。

从做出承诺的那天算起，经过一年观察期，就拥有了被捐助的资格。为什么观察期要一年？这是为了避免有些投机者只想接受捐助，不想捐助别人。

一年后，所有人都过了观察期。这时候，一个人很不幸得了癌症。我请每个人直接给他捐10元钱。不要把钱捐给"5商互助社"，因为即使再少的钱，只要超过200人，就可能被定性为"非法集资"。所以，直接把钱捐给这个不幸的人，"5商互助社"只是组织大家互助。

我相信大部分人都是会捐这10元钱的。一是因为有爱心，二是因为如果不捐，就会失去被捐助的资格。有人说：我忘了自己捐没捐，我想再加入。可以，请再等一年观察期。

3万会员，每人捐10元，就是30万元。生病的人拿着30万元去治病，"5商互助社"再次进入等待下一个被捐助者的状态。

从金融的角度看，这就是保险。保险的本质，就是把小概率事件的高风险，在一群人身上平摊掉。在过去，这件事情因为组织效率的原因，特别困难。于是就出现了一个"中心化"组织——保险公司。不用平摊风险，把钱交给保险公司，遇到问题，由保险公司来赔偿。

但是，这么大的保险公司要维持运转，必然要吃掉一部分保费，只能把剩下的部分赔付给不幸者。很多保险公司的"赔付率"不到用户缴纳保费的50%。

再回来看看"5商互助社"，会员捐助的30万元，一分钱都没有损耗，全都给了需要帮助的人，赔付率是100%。"5商互助社"为什么能做到100%？是因为它充分利用互联网的连接效率，去掉了一切中间环节，实现了"去中心化"。

谈到"去中心化"，就不能不谈"区块链"和"比特币"。

很多人听到区块链就头疼，还有很多人认为区块链是金融科技。不少金融从业者对区块链也是一头雾水。大部分人只需要理解，区块链对商业世界的本质价值是去中心化。比特币就是基于区块链技术的去中心化的"货币"。

以后别人再问什么叫区块链，可以这么回答：区块链就是一种分布式记账技术。假如对方追问什么叫分布式记账技术，可以这么回答：过去，我们的存款数目是存在银行账户这个中心化数据库里的。区块链就是把存款数目通过互联网记录在无数独立的电脑上，并通过密码使它不可被篡改，从而让中心消失，提高效率，甚至降低了中心想骗钱的道德风险。

那什么是比特币呢？今天的货币是由各国央行，也就是一个中心化机构来发行的。比特币是基于区块链技术的货币，是一个没有央行的货币系统，虽然它并不被大多数国家认可。

不管是区块链，还是比特币，其本质都是去中心化。

(画重点)

去中心化

在连接效率不高的时代，中心化的"星状结构"，是组织资源的最有效结构，但到了连接效率突飞猛进的互联网时代，去中心化的"网状结构"逐渐变得更加高效。越来越多的商业模式建立在去中心化的架构基础，甚至是哲学基础上，比如区块链、比特币。

2. 未来会不会所有商品都免费

——零边际成本社会

> 随着科技的发展，商品的边际成本会越来越低，最终几乎为零。这将导致物质极大丰富，商品越来越便宜，人类财富爆发式增长。

边际成本，就是每多生产或每多卖一件产品，所带来的总成本的增加。

比如，一位歌手在某个节目里唱了一首歌。唱这首歌的边际成本很高，因为歌手为此付出了一整天，加上来回路程、排练，可能要两三天的时间。因此，他期待获得不菲的报酬。

接着，歌手把这首歌灌制成唱片，没想到卖了1万张。一首歌被1万人听到，但歌手并没有因此唱1万遍。对歌手来说，多一个人听到这首歌，所增加的总成本只是一张唱片的制造成本。而听到歌手同样的歌声，每个听众付的钱也大大减少。

最后，歌手干脆把这首歌放在互联网上供听众下载，边际成本几乎为零。歌手的歌瞬间被100万人下载、收听。这时，因为几乎没有成本，听众只需付极少的钱。

从现场唱歌，到灌制唱片，到网络下载，听众听歌手唱歌的边际成本越来越低，商品的价格也因此越来越便宜。

其实，整个工业革命就是一场降低边际成本的革命。机器人技术、流水线管理，都在为降低边际成本而努力。设备、机器人不断取代人的体力劳动，导致商品越来越便宜，人类财富爆发式增长。

照此发展，未来会不会有越来越多的产品，甚至整个人类生产的所有产品的边际成本，全都降为零，从而进入一个"零边际成本社会"呢？所有产品的边际成本为零，会不会使所有商品都免费呢？所有商品都免费了，那我们一直期待的"各尽所能，各取所需"的物质极大丰富的时代会不会华丽地来临，而商品经济就此消失了呢？

《第三次工业革命》的作者杰里米·里夫金专门写过一本书《零边际成本社会》，描述他推测的未来。他认为，第三次工业革命正在终结制造业和服务业中的大多数有偿劳动，以及知识领域内的很大一部分专业性有偿劳动。

有的人还是不敢相信体力劳动可以被机器取代，因此边际成本降低，商品越来越便宜。即使体力劳动被机器取代，脑力劳动应该无法被取代吧？人类用脑力劳动创造商品的边际成本，也就是时间成本，应该不会便宜到免费吧？

著名畅销书《人类简史》和《未来简史》的作者尤瓦尔·赫拉利说："体力劳动已经被机器取代，大家觉得还有脑力，于是所有人转型做白领。但现在，人工智能出现了，脑力劳动可能也要被取代了。"

举个例子，美国摩根大通银行过去每年购买30万小时的律师服务，帮助他们审核贷款合同，降低风险。但是，最近他们开始使用COIN公司的人工智能律师服务，律师要花30万小时审完的合同，人工智能几秒钟就审完了，而且对风险把握得更准确。也就是说，最典型的靠脑力劳动创造价值的律师，也要被取代了。

当体力劳动和脑力劳动都被取代时，物质极大丰富的零边际成本社会可能真的会到来。那个时候，人类不需要工作，只管消费。即使工作也是添乱，效率太低。

如果那一天真的到来，我们该如何应对呢？

我们将被迫重新理解商业的本质。劳动有两个作用：创造财富和分配财富。如果以后人类不需要通过劳动创造财富，财富该如何分配呢？按需分配吗？甘地曾说过："地球可以满足每个人的需要，但不能满足他们的贪婪之心。"再多的财富，在贪婪、攀比之下，都是不够分的。分配财富，可能是未来商业社会存在的第一目的。

　　未来的人类社会，可能会创造出一种计算机模拟的"虚拟劳动"，人们在电脑里创造虚拟财富，通过竞争获得积分，然后根据积分高低，分配实际财富。

（画重点）

零边际成本社会

零边际成本社会，就是随着科技的发展，商品的边际成本越来越低，最终几乎为零。这可能导致所有商品都将免费，商业社会的基本功能从创造财富和分配财富，变为只需要分配财富。

3. 未来的工作，会被
人工智能取代吗
——人工智能

> 人工智能在语音识别、视觉识别、数据挖掘和机器学习这四个方面的技术已经飞速发展，这对我们来说，既是挑战，也是商业机遇。

一说到人工智能，第一个问题就是：人工智能到底会不会毁灭人类？先不回答这个问题，让我们来讨论一下让人惊喜也让人惊恐的人工智能，到底将如何影响商业世界。

现阶段的人工智能，主要指四件事：语音识别、视觉识别、数据挖掘和机器学习。

语音识别，目前已经普遍使用。科大讯飞的语音输入法，可以每分钟输入400个汉字，准确率极高，几乎可以取代速记员。加上机器翻译，就可以取代同声传译。

视觉识别也越来越普遍了。"云服务"这一节讲过用人脸识别工具将照片分类存放。其实，视觉识别远远不止识别人脸，比如输入"海边"，它还能找出所有海边的照片。无人驾驶技术，就严重依赖视觉识别。

数据挖掘，就是从已有数据中提取出模型。其中一个经典案例就是沃尔玛通过数据挖掘，找到了啤酒和尿片销量的正相关性，把这两样商品放在一起，提高了销量。

机器学习就更厉害了。人工智能发展如此迅速，大部分功劳要归它。AlphaGo（围棋人工智能程序）在2016年的人机围棋大战中赢了李世石，在2017年赢了柯洁，这要归功于它每天自我对弈100万盘，进步神速的机器学习能力。

很多人担心，未来也许有一天人工智能的智商会超越人类。网上流传这样一段描述，文艺而令人毛骨悚然：人类唯一战胜AlphaGo的那个寒夜，疲惫的李世石早早睡下。世界在慌乱中恢复矜持，以为不过是一场虚惊。然而在长夜中，AlphaGo又和自己下了100万盘棋。是的，100万盘。第二天太阳升起，AlphaGo已变成完全不同的存在，可李世石依旧是李世石。从此之后，人类再无机会。

李开复在《人工智能》这本书中说：有这样担忧的人，过于乐观地认为科技会永远呈指数型发展，而忽视了必将遇到的重大瓶颈。与其担忧人类是否会灭绝，不如担忧我们的工作会不会被取代，以及如何在别人忧心忡忡时，抓住商业机遇。

我非常认同这个观点。那么，哪些工作有可能被取代呢？或者反过来说，我们应该运用人工智能，取代哪些人类做起来低效的事，从而创造巨大的商业机会呢？

第一，金融。

2016年12月，高盛公司发布报告说，据保守估计，到2025年，机器学习和人工智能将通过节省成本和带来新的盈利机会，创造每年340亿~430亿美元的价值。

在金融分析师们自我安慰"在人工智能和人类一样聪明之前，金融业不会被攻陷"时，美国一家公司已经开始利用人工智能，每天早上8:35给高盛的员工提供自动化投资分析报告了。

当有些金融机构还要用户到柜台办理各种烦琐手续时，蚂蚁金服已经开始利用人脸识别进行远程身份验证了。

当很多银行还在雇用大量员工接听客户电话时，有些先行者已经开始提供人工智能客服，大幅度降低成本了。

第二，医疗。

IBM利用其著名的人工智能系统Watson辅助癌症研究。Watson在一周时间内阅读了2 500篇医学论文，为300多位病人找到了连医生都束手无策的医疗方法。

人工智能在X光片识别、准确诊断、个性化医疗，甚至手术上，都有巨大的发展空间。

第三，生活。

不久的将来，机器翻译会方便到不再需要学习外语；人脸识别能做到瞬间识别几十万张人脸，大面积寻找走失儿童变得轻而易举；语音智能助手能做出比我们更懂自己的决策。

李开复提出了一个"5秒钟原则"：大部分人类需要思考5秒钟以下的事情，都可以由人工智能代劳。也许所有这些事情，在未来都是巨大的商业机会。

那么，有哪些事情是人工智能做不到的呢？

以下七个领域，人工智能在可预见的未来很难超越，人类还可以暂时领先：1. 跨领域推理；2. 抽象能力；3. 知其然，也知其所以然；4. 常识；5. 自我意识；6. 审美；7. 情感。

（画重点）

人工智能

现阶段，人工智能有四个方面：语音识别、视觉识别、数据挖掘和机器学习。这些突飞猛进的技术，在金融、医疗以及生活的方方面面，给我们带来了巨大的不确定性。这些不确定性，是挑战，也是商业的机遇。

4. 据说2045年，"奇点"

将要临近

——奇点临近

> 商业模式是为科技而生的，今天，科技让
> 生活方式发生了翻天覆地的改变，商业人
> 士一定要关注科技，才能抓住机遇。

在科学家们眼中，人类最远的未来是什么样的？说到"人类最远的未来"，就不得不提一个人：雷·库兹韦尔。这个"最远的未来"有多远呢？库兹韦尔认为，大概就在2045年。

库兹韦尔是谷歌公司的工程总监，美国国家科技奖章获得者、世界最重要的发明奖Lemelson - MIT（勒梅森–麻省理工全球创新奖）获得者，被*Inc.*杂志称为"爱迪生的法定继承人"，被《福布斯》杂志称为"最终的思考机器"，拥有13项荣誉博士头

衔。那么，库兹韦尔到底说了什么呢？

业界把人工智能按照先进程度，分为三种：弱人工智能、强人工智能和超级人工智能。在围棋人机大战中赢了李世石和柯洁的AlphaGo，是弱人工智能。虽然它很强大，但其实只能在特定领域、既定规则中表现出强大的智能。让它预测股市，它就做不到了。什么是强人工智能呢？强人工智能不受领域、规则限制，只要是人能干的事情，它都能干。也就是说，强人工智能才是真正的人工智能。那么超级人工智能呢？就是远远超越人类的智能。

科学家们其实对弱人工智能有多强大，毫无争议。有争议的地方在于：强人工智能，到底会不会出现？

库兹韦尔因此提出了著名的"奇点理论"。他认为，科技的发展是符合幂律分布的。前期发展缓慢，后期越来越快，直到爆发。

他举了很多例子。100多年前，莱特兄弟发明了飞机，而今天人类已经开始进行火星移民计划了；70多年前，人类发明了第一台计算机，占地约140平方米，每秒计算5 000次，而今天戴在手腕上的苹果手表，计算速度都比它快十几万倍。我们明显能够感觉到，世界的变化越来越快。库兹韦尔说，别担心，变化还会更快。变化越来越快，最终达到一个爆发的极点，在数学上就叫作"奇点"。他为此专门写了一本书，叫作《奇点临近》。

这个正在临近的"奇点"，到底什么时候会到来呢？库兹韦尔认为是2045年。

为什么是2045年？因为库兹韦尔认为，以幂律式的加速度发展，2045年，强人工智能终会出现。人工智能花了几十年时间，终于达到了幼儿智力水平。然后，在到达这个节点一小时后，电脑立刻推导出了爱因斯坦的相对论；而在这之后一个半小时，强人工智能变成了超级人工智能，智能瞬间达到普通人类的17万倍。这就是改变人类的"奇点"。

库兹韦尔把如此大的威胁放在了离人类如此近的未来，"奇点理论"毫不意外地引起了轩然大波。

反对者认为，库兹韦尔犯了一个巨大的错误，就是认为科技总是加速发展的，但事实上，技术发展有极限，到了一定程度就会停止。比如著名的摩尔定律：芯片的计算力每18个月翻一番，价格降一半。这个定律左右了科技界很多年，但近几年也因为物理极限，开始放缓更新速度。库兹韦尔辩解说，摩尔定律是用老技术解决新问题，未来会有划时代的技术突破旧技术的瓶颈，跨越极限。比如量子计算机的出现。

库兹韦尔也有很多支持者。比如这个世界上最聪明的人史蒂芬·霍金、最有钱的人比尔·盖茨，以及最酷的人埃隆·马斯克。

总之，今天的世界，顶级精英们为了人类的未来，忙得不可开交。

2045年，到底奇点会不会来临，到底人类会不会把自己的文明拱手让给人工智能？对普通人来说，实在是太遥远的话题。

那我们应该做些什么？

第一，保持健康。

库兹韦尔每天要吃150颗药片，就是要保证自己的生命可以健康延续到2045年，见证奇点来临，那时也许已经出现可以大大延长人类寿命的方法。作为普通人，我们也要保持健康，见证这个伟大的时代。

第二，关注科技。

商业模式为科技而生。过去因为环境变化不大，我们研究的都是相对竞争关系。今天，科技使生活方式发生翻天覆地的改变，商业人士一定要关注科技，才能抓住机遇。

画重点

奇点临近

人类的生存问题和"奇点临近"的话题虽然离我们很遥远，但当这么多顶级精英都在讨论这个问题时，作为普通人的我们，也许至少应该了解它，甚至关注它。

5. 如果能活120岁，
如何规划人生
——基因技术

> 基因技术的发展，很有可能会让人类寿命大幅度延长，过去的知识和经验必将变得几乎毫无价值，唯有不断学习，才是唯一正确的策略。

科技，尤其是人工智能，正在极大地改变世界。但是，人类在这场比拼中，注定必败无疑吗？我们必须祈祷，强人工智能带着善意降临吗？

同样是放眼未来，有的科学家主张关注人类自身，活得好、活得久才最重要，万一强人工智能没有来呢？

生命科学家、华大基因的创始人汪建说，未来是生命科学的未来。人类基因科技的"存、读、写"技术已经越来越发达。随着对出生缺陷的预防、肿瘤基因的战胜，人类的寿命将会越来越长。少关注人工，多关注人生。

加利福尼亚大学等机构的研究显示，从1840年开始，人类的平均寿命就在以每年多活3个月的速度递增。也就是说，每10年人类就可以多活2到3岁。从2001年到2015年，人类增加的平均寿命超过了5岁。据此计算，一个2007年出生的人，活到104岁的概率是50%。听上去很令人鼓舞。可是，这对商业世界意味着什么呢？这意味着，也许在不久的将来，必须从更大的格局重新规划商业布局，尤其要关注以下几个趋势。

第一，人类的生命周期越来越长。

我们过去的人生，基本分为三个阶段。从6岁到22岁的16年，是第一阶段，用来读书；从22岁到60岁的38年，是第二阶段，用来工作；从60岁到百年，是第三阶段，用来养老。今天中国人的平均寿命是76岁，也就是说平均养老时间为16年。

16年读书、38年工作、16年养老，这就是"人生三段论"。但是，这样的人生三段论，建立在人类平均寿命76岁的前提下。如果未来人类的平均寿命变为120岁，60岁退休，60年养老，工作38年赚的钱养得起自己吗？

所以，未来的人一定不会60岁退休。那会是多少岁呢？北京已经开始试点延迟退休了。据说社科院有专家建议，未来每3年延迟退休1年。照此计算，假如一个人在2017年是40岁，要到

30年后，也就是70岁才能退休（不知道那时候人工智能占领地球没有）。70岁退休，意味着工作48年，退休50年，也未必养得起自己。

未来人生很可能不是"三段论"。《百岁人生》的作者琳达·格拉顿和安德鲁·斯科特说：未来我们很可能拥有的，是多段人生。读书一段时间，工作一段时间，再读书一段时间，再工作一段时间。

第二，产业的生命周期越来越短。

第一次工业革命以蒸汽机的发明为标志，但是蒸汽机被大规模使用已经是40年后了。这40年时间里，一个人完整的职业生涯从开始走到结束，其实相当漫长。我们今天看来，觉得那是历史巨变，可是当时的人也许毫无感觉。

今天，产业变革的速度越来越快。互联网兴起才20年，移动互联网兴起才5年，世界就已经天翻地覆。以后的变化，可能会越来越快。

未来，人类的生命周期越来越长，产业的生命周期越来越短。这将带来一个结果：我们这一代人，将成为第一批在职业生涯中不得不彻底变换行业的一代人；我们这一代人，将成为第一批大学所学注定某天将变得几乎毫无用处，必须重新学习的一代人。也就是说，我们将经历几段完全不同的商业人生。

未来的大学课堂，可能坐着20岁的孩子、40岁的回炉者，还有60岁、80岁的第三次、第四次回炉者。以后再也不会有20岁的同学迷茫地问：我学什么专业，以后才能找到稳定的工作呢？看看旁边比自己大60岁的同学就知道，这个世界上再也没有稳定的工作。唯有不断学习，才是唯一正确的策略。多段式人生，会让害怕改变或者不愿改变的人无处可逃。

画重点

基因技术

基因技术的发展，很大概率会让人类的寿命大幅度延长。生命科学家告诉我们，"百岁人生"也许比人工智能占领地球更加现实。但是，人类的生命周期越来越长，产业的生命周期越来越短，这很可能导致我们的人生从三段式变为多段式。我们过去的知识和经验，必将变得几乎毫无价值，唯有不断学习，才是唯一正确的策略。

第九章 —

过去未去

商业世界的左脚右脚，一步一步从不踏空

战略大于组织，组织大于人，一错全错

所有问题，最终都是个人的问题

不要做装备派，要做装备精良的实力派

从基本功到格斗术

1. 商业世界的左脚右脚，
一步一步从不踏空
——商业篇总结

创造价值和传递价值，就是商业世界的左脚和右脚。创造价值，是用创新的方法提高定价权；传递价值，是用效率的手段降低定倍率。

商业篇到底讲了什么？下面用两大逻辑，重新提炼一下。

第一，创造价值，就是用创新的方法，提高定价权。

定倍率一定要很低吗？100元成本的东西，就一定不能卖10 000元吗？可以，但是必须要有创新。所谓创新，就是"人无我有，人有我优"。

人无我有，就是科技创新。人工智能就属于此类。美国摩根大通银行每年要购买30万小时的律师服务来审核贷款合同，需要

150个律师花一年的时间。现在COIN公司提供人工智能文书律师服务，几秒钟就能完成律师要花30万小时做的事情。那该怎么收费呢？只要比150个律师一年的费用便宜，理论上就可以。相对于人工智能的计算成本来说，定倍率可能是几万倍。但是，人工智能就可以这么收费，因为普通的律师做不到。

人有我优，就是工匠精神。为什么美国、日本、德国有工匠精神？这些国家的GDP每年只增长1%~2%，竞争极其惨烈，顺势成长已经没有机会了，只有把产品做好，才有一席之地。现在中国的GDP增长率回落到6%~7%，人们也越来越重视工匠精神。

创造价值，过去是把产品做出来，现在是把产品做好。创造价值，就是用创新的方法，提高定价权。

第二，传递价值，就是利用效率的手段，降低定倍率。

海尔做冰箱，是创造价值；苏宁卖冰箱，是传递价值。商业逻辑，落实到传递价值，无外乎就是信息流、资金流和物流的万千组合。

什么叫信息流、资金流、物流？

一个人去商场买衬衫，看着料子挺好，摸着质地不错，价格可以接受，试穿也挺合身。他对服务员说："请帮我包起来。"通过这一系列体验，顾客获得了信息流。然后服务员开单，顾客去收银台交钱，这是资金流。最后把衣服拎回家，这是物流。

传递价值，就是在传递这三件事：信息流、资金流和物流。理解了这个逻辑，再来看商业世界的很多新现象，就会豁然开朗。

比如阿里巴巴在某年3月8日做的"三八扫码购"。顾客拿着手机去家乐福、沃尔玛，看到商品就扫，会发现网上更便宜。把商品加入手机购物车，在手机上点"下单"，空手走出超市。家乐福、沃尔玛提供了信息流，支付宝提供了资金流，而顺丰、圆通提供了物流。顾客在超市免费体验了商品，钱却付给了阿里巴巴。

从商业本质来看，线下超市在过去之所以用巨额成本租场地、雇员工、免费提供信息流，就是因为它能锁定资金流和物流，从这两件事上赚钱。但现在，这三件事可以分开来干，超市的商业逻辑就被打破了。

怎么办呢？

未来的线下零售，通过提供免费的信息流，最终从资金流、物流里赚钱，估计会越来越难。一双鞋子，顾客试完后问：多少钱？2 000元？网上只卖1 200元。这双鞋无法在线下店铺卖1 200元，是因为线下店铺有租金、水电、人工的成本，而线上店铺可能不存在这些成本。

理解了传递价值的本质，可以推测，未来越来越多线下店铺将不再是代理商开的，而是品牌商开的。觉得贵？没关系，上网买。反正在线下买或者网上买，都是这个品牌的。

再看看现在比较热门的"无人超市"。无人超市用同样高的成本展示商品，提供信息流；商品还需要顾客自己拿回家，物流也没变；只是没有收银员和导购员。看起来似乎提高了效率，但因为没有导购员，可能会增加货物重新摆放、损耗、丢失的成本。它并没有明显提高信息流、资金流和物流的效率。所以，无人超市只是一种有趣的零售，并不是更高效率的零售。

理解了"传递价值，就是利用效率的手段，降低定倍率"后，我们应该就能理解，新零售就是更高效率的零售。

画重点

商业篇总结

整个商业篇，用一句话总结就是：创造价值，是用创新的方法，提高定价权；传递价值，是用效率的手段，降低定倍率。创造价值和传递价值，就是商业世界的左脚和右脚，一步一步永不踏空。

2. 战略大于组织，组织大于人，一错全错

——管理篇总结

> 所有企业与员工，本质上都是一种合伙关系。激励员工，就是围绕工资、奖金、股权、价值观这几点，不断调整利益分配形式。

管理篇有两个核心。

第一，所有企业与员工，本质都是合伙关系。

企业与员工是雇佣关系，员工拿小工资，老板赚大利润。实际上，雇佣关系也是一种形式的"合伙关系"。

金融市场中，有种分级基金叫"优先劣后"。什么意思？一个人出1 000万元，另一个人出3 000万元，共同成立基金。如果亏了，先亏一个人的1 000万元，不亏另一个人的钱；如果这1 000万

元都亏完了，可以选择关闭基金，把3 000万元还给另一个人。但反过来，如果赚钱了，8%以内的收益归出3 000万元的人，超过8%的部分由出1 000万元的人都拿走。也就是说，不承担风险，收益也因此封顶。优先劣后，享受可能风险带来的可能收益，即是一种合伙关系。

雇佣关系不仅是企业与员工的关系，也是资本与人才的关系。这种关系，根据贡献大小和风险程度，有几种不同的利益分配形式。

工资。工资是用固定的价格支付员工的工作时间，责任越大，工资越高，员工不能跟老板谈赚了钱后能分多少，因为老板一次性全买断了。工资，就是优先劣后的合伙关系。老板亏钱也要发工资。

奖金。奖金的本质是有弹性的工资，是对超出预期担负责任的追偿。员工本来一天装配30个手机，结果装配了40个，老板因此给员工多发点儿钱，这就是奖金。奖金的本质还是工资，是补发工资。人才超额完成业绩，资本一定要发奖金，这种公平性，可以激励员工卖力。

股权。股权有很多形式，比如分红权、期权，或者股票。股权的本质，是种"利润分成制"。它是基于利益的合伙关系的最高形式。公司应该怎么运营？未来效益如何？老板不知道，员工也不知道。怎么办？大家共担风险，共享收益。员工拿低一点儿的工资，但如果未来公司赚大钱，有老板的，也有员工的。

除了基于利益的三种合伙关系——工资、奖金、股权外，还有一种基于梦想的合伙关系，那就是"价值观"。去做一件特别向往的事，一件即使没有钱赚，即使被阻拦，也要去做的事，这件事就叫"价值观"。工资、奖金、股票可以激励员工卖力，价值观可以激励员工卖命。

所以，企业与员工，或者说资本与人才之间，本质上是一种合伙关系。雇佣关系，只不过是合伙关系的一种形式。激励员工，就是围绕这四点，不断调整相互的比重。

第二，一切管理问题的思考顺序都是：战略—组织—人。

人，是一切管理问题的根本。但恰恰因此，在思考管理问题时，人通常是最后才应该考虑的因素。一切管理问题的思考顺序都是：战略—组织—人。

常有管理者抱怨员工没有责任心、没有主人翁意识、没有创业精神、没有梦想。但是，员工真的没有吗？

我们曾经讲过韩都衣舍的案例。衣服不好卖，设计、生产、电商三个部门互相推诿责任。现在，从设计、生产、电商部门中各抽出一人，组成"三人小组"，用"联邦分权制"让小组对最终结果负责。三大职能部门被拆分为280多个小组，按利润与公司分配利益，所有人立刻像打了鸡血一样。同样的人，放在不同的组织结构之下，行为可能会完全不一样。这就是组织大于人。

但是，好的组织形式就一定能获得巨大成功吗？

我们曾经讲过零时尚服装零售公司的案例。这家公司在各地开加盟店，组织设计已经很精良了，但发展速度还是不够快。后来，公司调整战略，关闭加盟店，只和美容院合作，为常客根据身材、喜好搭配好衣服，送到美容院请顾客试穿，没想到效果出奇地好。所有的组织形态立刻随之调整，发展突飞猛进。这就是战略大于组织。

战略大于组织，组织大于人。无论哪一步错了，都会全盘皆错。

(画重点)

管理篇总结

管理篇的两个核心是：1. 所有的企业与员工，本质都是合伙关系。要注意工资、奖金、股权、价值观的不同用法。2. 一切管理问题的思考顺序都是：战略—组织—人。无论哪一步错了，都会全盘皆错。

3. 所有问题，最终都是
个人的问题
——个人篇总结

> 所有的问题，最终都是个人的问题，都
> 要从自己身上找原因。

商业，是我们与外部的关系；管理，是我们与内部的关系；个人，是我们与自己的关系。有一句话叫"仁者如射，射者正己而后发，发而不中，不怨胜己者，反求诸己而已矣"。简单来说，就是不管什么问题，最终都是个人的问题，都要从自己身上找原因。

个人篇可以升华为两个核心。

第一，最可怕的能力，是获得能力的能力。

"知识、技能和态度"这一节讲到，知识，比如数学知识、商业知识，是靠大脑来学习的，学习的方法是"记忆"；技能，比如演讲能力、写作能力，是靠手来学习的，学习的方法是"练习"。能力的获得，符合"不断更新"这一节里讲到的"时间律"：能力这东西，偷不来、抢不来、要不来、买不来，获得它的唯一方法，就是用时间换来。

<u>用高效而可怕的勤奋，把时间换成能力，就是获得能力的能力。</u>

1993年，复旦大学在新加坡狮城舌战辩论赛上为中国赢得冠军，辩手蒋昌建一句"黑夜给了我黑色的眼睛，我却用它来寻找光明"，掀起了那一代学子的辩论热潮。我当时在读高中，被学校派去参加辩论赛。我平常也主持过不少活动，但辩论和主持不同，需要急智。稍微犹豫1秒，别人就站起来了，自己根本没有说话的机会。整场辩论会结束，我只在最后致谢的时候，站起来向对方说了两个字"谢谢"。这次经历成了我人生中的奇耻大辱。我意识到，没有什么能力是不通过练习就能获得的。于是我专门找来各种各样的辩论会视频学习，并利用一切机会练习。读大学时，我获得了南京大学的"最佳辩手"称号。我知道，这个称号就是用"高效而可怕的勤奋"换来的。

很多人称赞我的演讲很棒。在2015年，我讲了126天课，每天6小时。2016年因为开始做《刘润·5分钟商学院》，讲课时间减少了，但也有93天。

很多人称赞我的文章写得好。我第一篇公开发表并拿到稿费的文章，写于23年前。之后，我坚持写作20年，其间写过1本诗集、2本小说，出版过5本书。写出《出租车司机给我上的MBA课》那篇脍炙人口的文章时，我已经坚持写作12年。因此现在才能不间断地每天输出《刘润·5分钟商学院》的内容。

所以，从现在开始，组织演讲俱乐部，持续演讲，公开演讲，持续公开地演讲；从现在开始，在微信公众号或者简书上持续写作，公开写作，持续公开地写作。从现在开始，用"高效而可怕的勤奋"，把时间换成能力。

第二，人与人最大的差别，是认知的差别。

人最大的悲哀，是在低层次上早早形成了自己的逻辑闭环。

比如，关于演讲，有一个认知，"表达欲很强的人，是做不好演讲的"。为什么？因为演讲不是让自己酣畅淋漓地表达，而是让听众醍醐灌顶地吸收。所以，演讲的中心不是自己，而是听众，演讲者需要克制自己的表达欲。如果这个认知改不过来，很难成为一个真正的演讲高手。

比如，关于阅读，有一个认知，"把书从头读到尾的人，是不懂学习的"。为什么？因为作者并不是从头到尾写一本书的。作者会先定主题，再画结构，再写目录，然后一章一章地写。读书也应该这样。目录其实是一本书的骨架，章节是一本书的血肉。作为咨询顾问，我必须高效、快速地学习，每年至少读100本书。我的读书方法，是买10本同类书籍，对着目录画出结构图，然后快速阅读补充，再请教业内专家。一个字一个字地读，是把学科书籍当小说来读。

再比如，关于创新，有一个认知，"创新未必是被苹果砸中脑袋，而可能恰恰是用流水线生产出来的"。正如之前提到的案例，把洗衣液里的活性成分拿掉，变成"洗不干净衣服的洗衣液"，最后创新出"衣物清新剂"。

回到个人篇，在每一篇中回顾这些认知，让自己真正获得巨大的升级。

画重点

个人篇总结

所有的问题，最终都是个人的问题，都要从自己身上找原因。个人篇的两个核心是：第一，最可怕的能力，是获得能力的能力；第二，人与人最大的差别，是认知的差别。

4. 不要做装备派，要做
装备精良的实力派
——工具篇总结

养成工具思维，把那些看似飘忽不定，
不可说的"道"，变成可执行的"术"，
提高结果的确定性和品质的稳定性。

按照中国传统文化的观点，工具就是所谓的"器"。《易经》有言："形而上者谓之道，形而下者谓之器。"意思是说，一旦有型有款，那就属于下乘了；真正的大道，是没有形状，没有常规的。流程、步骤、方法论都是术，术是会变的，只有大道不变。这也是为什么古人说"君子不器"。

但真是这样吗？工具篇可以升华为两个核心。

第一，君子性非异也，善假于物也。

我和很多外企的职业经理人一样，在东方文化中生活，却在西方文化中工作，因此经常能看到很多有趣的差异，甚至冲突。比如，如何选择一个最好的人生伴侣？在东方文化里，有人可能会建议：在最好的年华，遇见最好的人。那怎么遇见呢？看缘分。那什么是缘分呢？看感觉。那什么是感觉呢？到时候就知道了。那什么时候才是"到时候"呢？有感觉了，就到时候了。

但西方文化不是这样，这样会把遇到合适伴侣的确定性和品质的稳定性置于极大的风险中。

还记得麦穗理论吗？2 000多年前，苏格拉底就教导我们：把时间分为三段，第一段用于体会什么是"感觉合适的缘分"；第二段用于验证第一段的判断；第三段遇到第一个符合这个标准的人，立刻下手，绝不回头。这就是利用流程、步骤、方法论，把选择伴侣之"道"工具化了。到了现代，有人把这个工具进一步升级，提出"用37%的时间观察，用剩余63%的时间出手"，更科学。

工具思维，就是把那些看似飘忽不定，不可说的"道"，变成可执行的"术"，提高结果的确定性和品质的稳定性。

相对于"君子不器"，我更喜欢这句话："君子性非异也，善假于物也。"

工具篇讲了很多帮助商业、管理、个人的"道"，提高结果确定性和品质稳定性的"术"和"工具"，包括战略工具、思考工具、管理工具、沟通工具等，这些工具需要我们勤加使用。比如，仅仅理解"管理的本质，就是激发善意"，是远远不够的，还需要激发善意的工资、奖金、股权、价值观等工具。

第二，不要做装备派，要做一个装备精良的实力派。

"SWOT分析"这一节提到，当S（优势）和O（机会）相遇时，因为"杠杆效应"，可以采取增长型战略；当W（弱势）和T（威胁）相遇时，因为"问题性"，可以采取防御型战略。

有些人看到这里说："SWOT还可以这么用啊！我以前都是列出来S、W、O、T之后就结束了。"再无下文，那列出来又有什么用呢？

"1∶1会议"这一节讲到，领导和员工开会时，要坚守25∶25∶50策略，即领导讲25%，提问25%，员工讲50%。这个会议是员工的会议，是难得的自下而上，由"你"到"我"的会议。

有人看到这里说："1∶1会议原来是这么开的啊！我开会时一直都是自己在说，最多问问员工项目进展如何。"那么，把什么时间留给员工发起沟通呢？没有。不是员工发起的1∶1会议，本质上就不是1∶1会议。很多人只是学到了它的形，却没有领会它的神。

听说一个工具，就收集一个工具，那叫装备派。不深入理解这些装备的原理、精髓，可能会适得其反，甚至伤到自己。最后，很多人还会怪罪工具，说这些工具"不适合我们公司，不适合我们行业",或者干脆说"不适合中国人"。

所以,在学习了这么多工具后,不要只做收集工具的装备派,而应该做一个装备精良,但最终靠自身能力的实力派。

当一个人使用危机公关时,真诚是他的实力;当一个人使用股权激励时,公司势能是他的实力;当一个人使用OKR目标管理工具时,360度环评的团结一心是他的实力;当一个人使用阿米巴模式时,敬天爱人的企业文化是他的实力。

知其然,也要知其所以然,才能变通地使用兵器,不让兵器伤到自己。

(画重点)

工具篇总结

工具篇可以升华为两个核心:第一,君子性非异也,善假于物也。要参悟道理,也要善用工具。第二,不要做装备派,要做一个装备精良的实力派。不仅要懂得工具,更要真正理解工具背后的逻辑,以及具备使用这些工具的实力。

5. 从基本功到格斗术
——系列总结

> 每一件事情背后，都有其商业逻辑；我们以为的顿悟，可能只是别人的基本功；巨人过河，不需要策略，踏水而过。

本书接近尾声，我想分享一下我对商业世界的基本信仰。

第一，每一件事情背后，都有其商业逻辑。

商业的本质是交换。一个人很会种玉米，另一个人鸡鸭养得很好，那相互交换吧；一个人有资本，另一个人是人才，那相互交换吧；一个人有故事，另一个人有酒，那相互交换吧。通过基于彼此优势价值的高效交换，取得同样数量的分散个体无法创造的成果。

回顾全书，我们会发现，商业篇是用产品交换用户的财富，管理篇是用财富交换员工的能力，个人篇是用时间交换自己的能力，工具篇是用方法交换前三者的效率。

用"交换"的第一性原理去理解整个商业世界，就会发现：每一件事情背后，都有其商业逻辑。

为什么机场的牛肉面看不见牛肉，却那么贵？因为交换的是"在机场吃面"这件事；为什么线下零售受到电商那么大的冲击？因为过去商品的价格中交换了地产的租金，而电商不需要；为什么小区门口的便利店反而生意越来越好？因为还需要付钱交换"立刻就要"的急迫性；为什么电商要研发无人机送货？因为交换用无人机实现的"立刻就要"，比交换用店面实现的"立刻就要"更便宜。

第二，我们以为的顿悟，可能只是别人的基本功。

经营企业多年之后，老板突然意识到，钱原来不是万能的。在电梯里叫出员工的名字，能激励员工努力干活好几周。老板恍然大悟，提出了"电梯理论"。但其实，马斯洛早在七十多年前就已经用"需求层次理论"，把老板的顿悟用更精准、更普适、更全面的方式总结过了。电梯理论只是第三层"尊重需求"的一个技巧。而这个理论和无数实用的技巧，早已是竞争对手的基本功。

一个人不创业，不做生意，不卖东西，但总要买东西吧？当他知道心理账户、沉没成本、价格锚点、定位调整偏见时，突然醍醐灌顶：原来，奢侈品店门口放一个普遍人买不起的镇店之宝，就是为了让顾客觉得其他东西便宜得和捡来的一样啊！原来和客户谈判时，对方总是出去打电话，就是给自己留下回旋的余地和谈判的筹码啊！作为一个买家，作为自己的CEO，这样的顿悟，其实早已是卖家的基本功。

一定要学好这些经济学、管理、商业大师用智慧和一生经验教训总结的基本功。思考无法代替学习，要懂得用学习省去自己盲目琢磨的时间。

第三，巨人过河是不需要策略的，踏水而过。

2015年，我和11个朋友一起去攀登非洲第一高峰乞力马扎罗峰。攀登的过程非常不容易。登顶的那一刻，不是热泪盈眶，而是号啕大哭。

但是，我们为了能在山顶号啕大哭，雇了64个登山向导和本地人专门陪同。登山花了7天的时间，我们每天轻装出发后，他们把帐篷、锅、炉子、桌子、餐具、椅子全部收起来，扛在肩头，冲往下一个营地。傍晚，等我们终于辛辛苦苦到了营地，他们连饭都做好了。

我深深意识到，最终要动用毅力爬山的人，其实都是因为基础体能不足。我们穿着专业装备，空着手爬山还爬不动，可背夫们踩着破鞋，头顶行李，谈笑间就登顶了。这就是差距。

不管创业还是打工，做得那么辛苦，可能真的是因为基础能力不够。悲情叙事，不如苦练基本功。

　　松鼠过河需要策略，它要不断思考下一步跳到哪块石头上。而巨人过河，不需要策略，踏水而过。

（画重点）

系列总结

《5分钟商学院》系列可以升华为三个核心：第一，每一件事情背后，都有其商业逻辑；第二，我们以为的顿悟，可能只是别人的基本功；第三，巨人过河是不需要策略的，踏水而过。

第十章 刘润荐书

商业不是一蹴而就，而是一路走来

MBA课中，没有一门课叫「管理」

个人升级，最重要的是认知升级

刻意练习，人人都可以成为自己的CEO

知识带来启发，求知过程带来更大启发

1. 商业不是一蹴而就，
而是一路走来
——商业书籍

> 阅读商业书籍，收获更多高手的思维
> 方式。

我在商业、管理、个人、工具这四个领域中，各挑选了5本，不敢说最好，但确实深深打动我的书。希望读者通过阅读这些书籍，收获更多高手的思维方式。

第一本，克莱顿·克里斯坦森的《创新者的窘境》。

这本书提出了一个观点："完美的管理导致大企业走向衰败。"书中给出了一个大企业的"失败框架"：1. 通过改善胶卷相机打败柯达很难，只有数码相机才能通过截然不同的价值主张，颠覆柯达的商业模式根基；2. 胶卷相机一定会发展到市场需求过度满足的阶段，从而市场饱和，发展停滞；3. 但同时，数码相机初期并不"诱人"——价格便宜，利润率低，也不被柯达的主要客户接受，所以很难被柯达投资；4. 数码相机成长起来，胶卷相机衰败下去，柯达的衰败必将到来，与谁是领导几乎无关。

通过阅读这本书，可以深刻理解企业生命周期。

第二本，杰里米·里夫金的《第三次工业革命》。

蒸汽机开启了第一次工业革命，但是真正把第一次工业革命推向巅峰的，并不是蒸汽机，而是印刷术。煤炭—蒸汽机—火车的创造价值进步，通过印刷术的传递价值进步，推向了全世界。

真正把第二次工业革命推向巅峰的，并不是内燃机，而是电信技术。石油—内燃机—汽车的创造价值进步，通过电信技术的传递价值进步，推向了全世界。

第三次工业革命，可再生能源是新的创造价值的基础，但真正点燃第三次工业革命的，是互联网这个划时代的传递价值技术。

通过阅读这本书，可以理解产业变革远大于个人意志的宏观规律。

第三本，克莱·舍基的《人人时代》。

要想理解互联网时代，因为人与人之间协作成本的改变而出现的各种群体现象，以及如何利用这些群体现象助力商业，就一定要读这本书。

比如，发生一个重大的突发事件，在传统媒体时代，记者会在第一时间接到通知，带着摄像机、录音笔、直播设备等赶赴现场。但是，第一时间在现场的，一定不是记者，而是路人，只是路人没有摄像机等设备。在互联网时代，路人可以随时拿起手机拍照，发微博。整个新闻生产的逻辑彻底改变了。

反过来说，一个社会新闻出现，引起轰动，整个互联网被发动，搜索当事人，当事人的每一个生活细节、隐私都被暴露在光天化日之下。有人觉得解气，有人觉得恐怖。这到底是为什么？

通过阅读这本书，可以理解看似微小的改变背后的历史洪流。

第四本，陈威如的《平台战略》。

什么叫平台？微信是典型的单边平台：用户越多，吸引更多用户，彼此刺激，爆发式增长。淘宝是典型的双边平台：一边是买家，一边是卖家。买家越多，卖家越多；卖家越多，买家越多。这就是跨边网络效应。百度是典型的三边平台：被索引网站、搜索用户、广告主三者之间形成正向激励。理解了平台的概念，以及引爆平台的网络效应，就能理解一切互联网世界的疯狂。

通过阅读这本书，可以理解平台经济，及其底层的动力系统——网络效应。

第五本，吴晓波的《激荡三十年》。

从1978年到2008年，30年中国的改革开放史，不仅能看到时代的大潮，更能看到企业家在时代大潮下的精神，及其背后不断演进的商业逻辑。同时推荐《跌宕一百年》和《浩荡两千年》。

通过阅读这本书，可以理解商业不是一蹴而就，而是一路走来。

（画重点）

商业书籍

通过阅读商业书籍，深刻理解企业生命周期，理解产业变革远大于个人意志的宏观规律，理解看似微小的改变背后的历史洪流，理解平台经济及其底层的动力系统，理解商业不是一蹴而就，而是一路走来。

2. MBA课中，没有一门课叫"管理"
——管理书籍

> 这世界是先有人与人的关系，后有管理。多学习一些管理大师对人与人关系的洞察，会让我们醍醐灌顶。

这个世界是先有人与人的关系，后有管理，而不是反过来。管理大师对人与人关系的洞察，常常让人觉得醍醐灌顶，或者五雷轰顶。这里我想推荐五本书，拓展我们的思维边界。

第一本，彼得·德鲁克的《创新与企业家精神》。

什么是创业？一个人看到大家喜欢吃小龙虾，于是在家门口开了家小龙虾店，这叫创业吗？按照彼得·德鲁克的定义，这不叫创业。因为进入的是一个原本就存在的市场，并没有创造出新客户。这家小龙虾卖得多了，旁边那家就卖得少了。唯有通过创新满足需求，创造出新客户，才是创业。不创新，无创业。

什么是企业家？企业家就是把使用经济资源的效率由低转高的那群人。同样的资源，用创新的方法组合利用，创造出更大的价值。无高效率，不企业家。

什么是企业家精神？企业家精神的灵魂是创新，做别人根本做不了的事。

读过阅读这本书，从实践升华为世界观，从管理之术参悟管理之道。

第二本，陈春花的《管理的常识》。

MBA课中，没有一门课叫"管理"。最接近"管理"的课，其实是《组织行为学》，这是管理的基本常识。

陈春花在《管理的常识》这本书中分享了自己对管理的理解，比如：管理就是让下属明白什么是最重要的；管理不谈对错，只是面对事实，解决问题；管理是"管事"而不是"管人"。她还举重若轻地谈了组织、领导、激励、决策等很多方面的基本心法。

建议所有管理者，或者有志于成为卓越管理者的创业者，认真阅读。

第三本，彼得·圣吉的《第五项修炼》。

这本书在1992年荣获世界企业学会最高荣誉"开拓者奖"，

是管理者必读的经典之一。第五项修炼指的是系统思考。前四项修炼分别是：自我超越、心智模式、共同愿景和团队学习。彼得·圣吉对这些概念的描述，成就了"心智模式""学习型组织"等谈管理几乎必提的概念。

系统思考这种最高级的修炼，可以让领导者从看片段变为看整体，从被动反应变为创造未来。

建议培养孩子学习围棋和编程。学围棋，可以训练面对未来的博弈思维，这是一种加上时间轴的战略思考能力。学编程，可以训练搭建系统架构的能力，这是一种基于信仰规律的系统思考能力。

第四本，戈文达拉扬和特林布尔合著的《战略创新者的十大法则》。

《创新者的窘境》中提出的"完美的管理导致大企业走向衰败"的问题，《战略创新者的十大法则》给出了漂亮的答案。企业为什么像大象一样不肯忘记？如何更新组织的DNA？企业如何跟人类一样，通过"忘记、借用和学习"的方法，完成迭代？

强烈建议正处于转型期的企业管理者认真阅读。

第五本，肖星的《一本书读懂财报》。

每一位管理者都应该学习基本的财务知识。我学过《会计学》《公司财务》和《非财务经理的财务课程》，以及《上市公司独立董事培训》，深感不懂财务的CEO，在商业世界的黑暗丛林中，几乎和瞎子无异。懂再多的商业，不懂财务，早晚会栽跟头。

(画重点)

管理书籍

读过阅读管理书籍，了解管理的基本常识，实践管理的创新精神，培养管理的系统思考能力，从实践升华为世界观，从管理之术参悟管理之道。

3. 个人升级，最重要的
是认知升级
——个人书籍

人与人最大的差别是认知差别。认知的
级别和维度不够，就很难上升一个层
次。完成认知升级很重要。

关于个人成长的书籍，我思考了很久，到底要推荐哪方面的书？演讲技巧、写作技巧、谈判技巧、时间管理技巧……技能层面的知识是无穷无尽的。在没有上限的个人成长中，如果只能推荐5本书，我决定推荐5本可以使认知升级的书。

第一本，刘慈欣的《三体》。

《三体》是一本科幻小说。但是这本科幻小说不仅轰动了科幻界，更轰动了中国的互联网界。在某一段时间，互联网人言必提《三体》，尤其是"黑暗森林""降维打击"等概念，以及很多金句，比如"无知和弱小不是生存的障碍，傲慢才是"。

为什么这本书能受到互联网行业的热捧？因为它作为一部硬科幻作品，其逻辑严谨的想象力，即便是科技行业从业人员都叹为观止；其深刻的哲学思想，比如高维对低维碾压的"二向箔"，暴露即灭绝的"黑暗森林法则"，让人们对互联网世界的残酷竞争唏嘘不已。

阅读《三体》，拓展无边无际但又符合宇宙规律的想象力，窥探互联网世界的竞争哲学。

第二本，凯文·凯利的《失控》。

凯文·凯利的成名，不是依靠他当下的旷世成就或者惊天言论，而是依靠一本20年前的预言式著作《失控》。这本书在1994年对未来的预测，比如"连接一切""赢家通吃""去中心化"等，在20年后的今天正在逐一实现。

这本书的中文版翻译得非常晦涩难懂，但即便如此，还是要耐着性子把书读完。为什么？微信创始人张小龙的推荐语或许比较有说服力。他说："凯文·凯利的《失控》我推荐给很多人……如果我们面试一个大学生，他告诉我他看完了这本书，我肯定就录用他——不过他们不知道这个秘诀。如果做互联网产品的不看一下这本书，我认为知识是不全面的。"

第三本，克莱·舍基的《认知盈余》。

一个人很努力、很优秀，终于获得了很高的职位，他也很珍惜。但是这个世界上，有没有人和他一样努力、一样优秀，但是因为运气不好而没能取得和他一样的成就呢？

我相信有。这样的人不但存在，甚至远远多于在位的人。他们有同样的智慧、观点和认知，因为没有机遇、职位和工具，被白白浪费掉了。这些被浪费掉的认知，就叫作"认知盈余"。互联网正在把盈余的认知连接起来，创造更大的社会价值。这对整个人类是好事，但同时也是对所有在位精英的巨大挑战。

第四本，德内拉·梅多斯的《系统之美》。

读南京大学数学系时，对我帮助最大的，是一门叫作"系统论"的课程，它教会了我"关联地、整体地、动态地"看待问题。当我懂得用系统论看待世界时，恍然大悟：上帝原来是个程序员。最美妙的不是这个世界，而是世界背后的规律。

《系统之美》是一本关于系统论的书，浅显易懂，用来入门恰到好处。不要把它当成数学书看，它是理解万物规律的方法。

第五本，古典的《拆掉思维里的墙》。

这本书整理了我们在思维中经常犯的一些错误，或者说妨碍我们成长的心智模式，并给出了打破它们的方法。

书中谈到了"比较观念""幸福系统""安全感""乐趣""成功学""受害者心态""选择的智慧"等重要的心智模式概念。心智模式升级，对大多数人来说很重要。

以前没有接受过心智模式训练的人，可以通过读这本书，把前人的顿悟变成自己的基本功；接受过这方面训练的人，可以把这本书当成一张比较全面的心智模式试卷，检测自己思维里的墙是否已经拆掉。

画重点

个人书籍

通过阅读个人书籍，拓展无边无际但又符合宇宙规律的想象力，窥探互联网世界的竞争哲学，理解万物的规律，提升心智模式。

4. 刻意练习，人人都可以

成为自己的CEO

——工具书籍

> 我们以为的顿悟，很可能只是别人的基本功。很多悲情叙事的背后，可能都只是因为基础体能不够。

有关工具篇的书，都比较难。这5本书不是看完就可以的，它们需要我们用刀叉切割、咀嚼、下咽、消化。如果花足够多的时间消化完这5本书，一定会能量倍增。

第一本，埃森·M.拉塞尔的《麦肯锡方法》。

芭芭拉·明托在《金字塔原理》这本书里提到了MECE法则，意思是"相互独立，完全穷尽"。MECE法则是很多工具，比如SWOT分析、波特五力模型、波士顿矩阵、平衡计分卡等工具的底层逻辑。

《麦肯锡方法》这本书，列举了包括MECE法则在内的，麦肯锡做咨询时最常用的工具，比如80/20法则、电梯测验、不要重新发明轮子、图表法、头脑风暴等。

我第一次读这本书时，大开眼界。从此之后，我养成了一个习惯，表达意见时会说：关于这件事，我有三个观点……即使说这句话时，我暂时只想到一点。

第二本，张维迎的《博弈论与信息经济学》。

博弈论是一门极其精深的学问。在"博弈工具"这一章中，我花了很多时间整理、写作，把树状知识结构用线性逻辑表达，在博弈论的海洋中设计了一条"游览路线"，从"纳什均衡"到"一报还一报"，一步一步领略博弈论的美妙。但是，千万不要以为这就是整个海洋。

博弈论的海洋再往下，都是数学。张维迎在这本书里，从7个基本概念（参与人、行动、信息、战略、支付、结果、均衡）和4个均衡（纳什均衡、子博弈精炼纳什均衡、贝叶斯纳什均衡、精炼贝叶斯纳什均衡）开始，抽丝剥茧地讲述如何求解4大博弈（完全信息静态博弈、完全信息动态博弈、不完全信息静态博弈、不完全信息动态博弈）。

第三本，吴军的《数学之美》。

既然谈到了数学，那索性就来讲讲数学。很多人都对数学感到头疼，但是，数学的确是理解万物的秘密。经济学归根结底是数学，物理归根结底是数学，万物理论归根结底也是数学。数学，是理解这个世界的终极学科。

我是数学系本科毕业的。数学系是不学"高等数学"这门课程的，而是学习数学分析、复变方程、实变函数、常微分方程、泛函分析、拓扑学等。

数学是这个世界上最美的东西。读这本书，可以重建对数学的兴趣，进而拿起数学的武器，很多问题都会迎刃而解。

第四本，弗雷德里克·S.希利尔的《数据、模型与决策》。

这本书是商学院的必修课，可能也是商学院所有课程中最难的一门。其实，它还是数学。

在"决策理论"这一节里说到"完全理性决策"时，提到了"运筹学"。《数据、模型与决策》就是专门为MBA写的简化了的运筹学，教大家如何用Excel做一些简单的完全理性决策。这对补全决策理论，非常重要。

第五本，安德斯·艾利克森的《刻意练习》。

很多人熟知10 000小时定律，但是一个动作"自动完成"10 000次、10 000小时，也不会成为高手。很多人号称自己有10年工作经验，其实，他只是把1年的工作经验重复了10年而已。重复不带来进步，真正的进步来自刻意练习。所谓刻意练习，是因为不断反馈、调整，每一次都比上一次有进步。

这本书描述了刻意练习的音乐模式、国际象棋模式和体育模式，很值得真正愿意不断提高自己，成为专家的人细细琢磨。商业天才不是天生的，刻意练习，人人都可以成为自己的CEO。

画重点

工具书籍

花足够多的时间阅读工具书籍，一定会能量倍增。所谓刻意练习，是因为不断反馈、调整，每一次都比上一次有进步。商业天才不是天生的，刻意练习，人人都可以成为自己的CEO。

5. 知识带来启发，求知过程带来更大启发
——刘润五本书

这世界上从来没有完美的选择，只有最好的选择。要想每一次选择都是当下所能做出的最好选择，就需要洞察规律，把握趋势，而这些需要智慧来实现。

我愿意花很多时间写作，因为有很多喷涌而出的观点，不吐不快。作者讲自己的书，通常能抓住真正的精华。但我从未像现在这样感到如履薄冰，因为用词稍有不慎，就可能被部分读者认为是在卖书。如果真有这种感觉，请把糖衣吃了，把炮弹扔回来；请把知识拿走，把书扔回来。

第一本，《2012，买张船票去南极》。

这是一本有关梦想的书。"梦想"这个词在书中共出现225

次。南极，只是梦想的阶段性载体，真正的探险其实发生在心灵深处。通过这次旅行，我终于找到了自己的"生命公式"，那就是：激情、承诺、思考、行动。我在书中写道：没有激情的承诺，是责任；没有承诺的激情，是冲动；没有行动的思考，是空想；没有思考的行动，是蛮干。

我希望，这个生命公式可以给读者带来启发，更希望我追寻生命公式的这个孜孜以求的过程，能带给读者更大的启发。

2012年，不是世界末日；失去梦想的那天，才是末日。

第二本，《人生，就是一场突如其来的旅行》。

2013年，在离开服务近14年的微软后，我决定给自己留一段难得的、宝贵的、为期半年的"间隔年"，潜心于公益、旅行和写作。这一次，我去了北极。准确地说，是北极点。

这是一段"找北"之旅。来到世界之巅，站在北极点上，不论往哪个方向走都是向南。如果用一句话来总结我的收获，那就是：勇于选择而不后悔，随心所欲而不逾规。

人们总是希望获得A和B的好处之和，而不愿付出任何代价，这叫"完美的选择"。但这世界上从来没有完美的选择，只有"最好的选择"。要想每一次选择都是当下所能做出的最好的选择，就需要洞察规律，把握趋势，这需要智慧。

勇于选择而不后悔，靠勇气；随心所欲而不逾规，靠智慧。

第三本，《传统企业，互联网在踢门》。

2014年出版的这本书，是我创立润米咨询后写的第一本商业书。在这本书里，我提出了"润米第一模型"：企业价值模型。

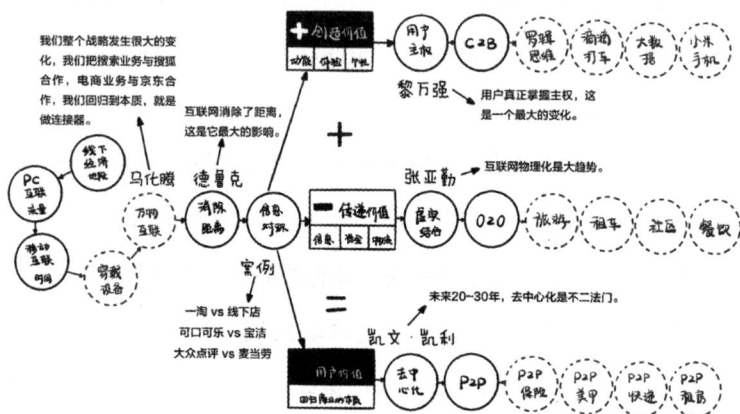

海尔把冰箱做出来，是创造价值；苏宁把冰箱卖掉，是传递价值。世界上所有的商业行为，大体都可以归为这两类。中国商业的平均定倍率是4倍，这就意味着：中国的消费者出了4元钱，被创造价值者拿走了1元，而被传递价值者拿走了3元。互联网最大的作用，就是用跨时代的科技工具，提高传递价值的效率，降低定倍率。

理解汹涌而来的商业变革，一定要看到创造价值和传递价值这两条腿，博弈前行的步伐，其他的都只是脚印。

第四本，《互联网+：小米案例版》。

2015年出版的这本书，是我对小米这只"新生代达尔文雀"

的解剖报告，以及对企业到底如何转型的探究。在这本书里，我提出了"润米第二模型"：企业生命周期。

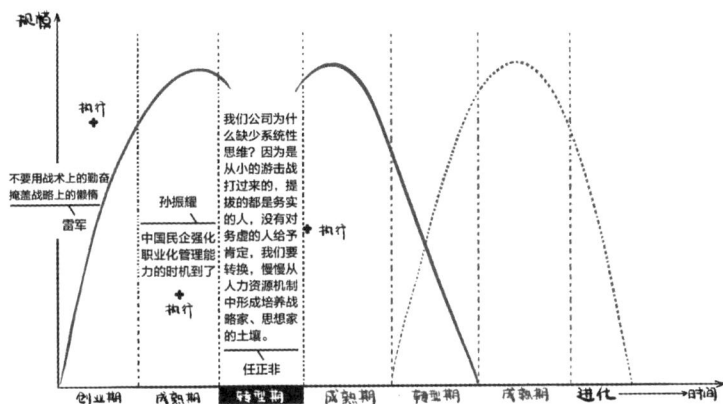

任何企业的发展，都必然经历创业期、成熟期和转型期。所有成熟期对创业期的怀念，都是长大后对童年的缅怀；所有转型期对成熟期的迷恋，都是年老后对长生不老的妄想。企业和人一样，都有生命周期。

世界上没有永续经营。所谓的永续经营，只不过是在每个重大的转型期，都能成功转型。

第五本，《趋势红利》。

2016年出版的这本书，是我在帮助很多企业转型之后的反思。看到变化，只是观察家；只有看到变化底层没有变的东西，才是战略家。在这本书里，我提出了"润米第三模型"：企业能量模型。

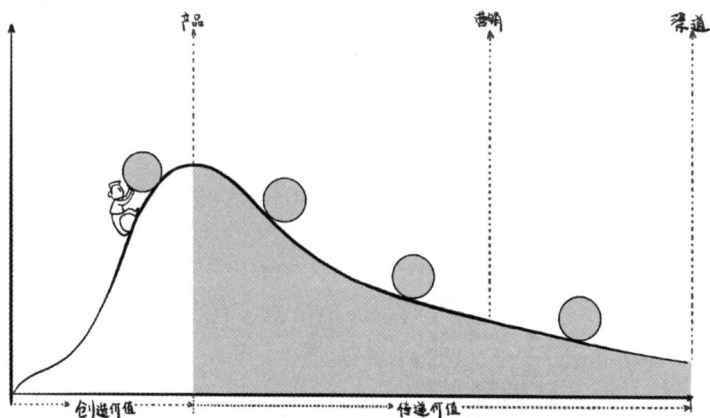

想象一下，一个人正在推巨石上山。做产品，就是把这块千钧之石推上万仞之巅，获得尽可能大的势能，然后在最高点一把推下去，用营销和渠道减小阻力，把势能转化为最大的动能，获得尽可能深远的用户覆盖。理解了产品、营销和渠道的关系，哪件事才是最重要的？

你陪客户喝酒，是因为做产品没有流汗。产品不足，营销补；营销不足，渠道补。总要擅长一方面。

刘润五本书

这五本书的理念，一直贯穿整个《刘润·5分钟商学院》。希望从这5本书中，读者能理解：激情，就是燃烧的梦想；勇于选择而不后悔，随心所欲而不逾规。希望读者能理解"润米三大模型"：企业价值模型、企业生命周期和企业能量模型。